¡Bien dicho!

Autores
Robert Rueda
Tina Saldivar
Lynne Shapiro
Shane Templeton
C. Ann Terry
Catherine Valentino
Shelby A. Wolf

Asesores
Jeanneine P. Jones
Monette Coleman McIver
Rojulene Norris

¡Bien dicho! is based on materials published by Houghton Mifflin Company, Boston, Massachusetts, United States of America.

Hampton-Brown
P.O. Box 223220
Carmel, CA 93922
1-800-333-3510

Printed in the U.S.A.
ISBN 0-7362-0718-X
02 03 04 05 06 07 08 09 10 9 8 7 6 5 4 3 2

Tabla de contenido

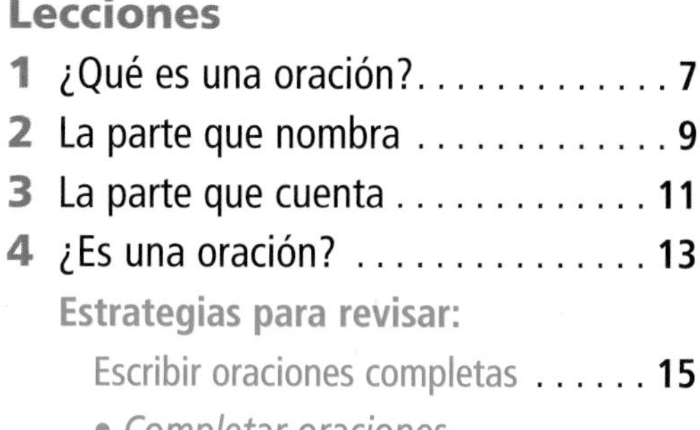

Unidad 1

La oración 6

Unidad 2

Nombres y pronombres 34

Tabla de contenido

Unidad 3

Verbos 64

Unidad 4

Adjetivos 90

Unidad 5

Ortografía y puntuación 112

Lecciones

La oración

La nieve cae. Los osos polares juegan.

Gramática

1 ¿Qué es una oración?

Para comenzar

¿Quién hizo algo? ¿Qué fue lo que hizo esa persona o animal?

Un día, el viejo barbero se enfermó.

—tomado de El rey mocho, de Carmen Berenguer

Una oración indica lo que hizo o hace alguien o algo. ¿Quién jugó? ¿Qué hicieron los cubos?

El niño jugó. Los cubos se cayeron.

Inténtalo

En voz alta Une los grupos de palabras para formar oraciones sobre la ilustración.

1. Un globo suena.

2. El tren se reventó.

3. La campana va rápido.

Por escrito Ahora escribe las oraciones.

Ejemplo La niña corrió

sonrió

La niña sonrió.

Por tu cuenta

Une las palabras del cuadro **A** con las palabras del cuadro **B** para formar oraciones.

Ejemplo El niño se rompe. El niño juega.
juega.

A	B
1. La pelota	camina.
2. El avión	flota.
3. El robot	rueda.
4. El barco	vuela.

5–6. Une los grupos de palabras para formar oraciones. Copia el título y escribe las oraciones para terminar el anuncio.

- Las cornetas repican.
- Las campanas pitan.

¡Ahora, a escribir!

ESCRIBIR • PENSAR • ESCUCHAR • HABLAR

DESCRIBIR

Escribe oraciones

Describe un juguete. Haz un dibujo. Después lee tus oraciones en voz alta. Pide a tus compañeros que digan lo que puede hacer el juguete o lo que tú haces con él.

Gramática

2 La parte que nombra

Para comenzar

Piensa en una persona o en un animal del circo. Representa algo que esa persona o animal puede hacer. Pide a un compañero que adivine la persona o el animal.

En una oración, la **parte que nombra** indica quién o qué hizo o hace algo. Lee las oraciones. ¿Quién fue al circo? ¿Qué salta por un aro?

Paco fue al circo. **Un perro** salta por un aro.

Inténtalo

En voz alta Escoge en el cuadro una **parte que nombra** para comenzar cada oración sobre la ilustración.

Un oso	Una niña	El payaso

1. _____ sostiene el aro.
2. _____ está sobre un caballo.

Por escrito Ahora escribe cada oración. Subraya la parte que nombra.

Ejemplo _____ se sentó en una pelota.
Un oso se sentó en una pelota.

Por tu cuenta

Escoge en el cuadro una **parte que nombra** para comenzar cada oración.

Los niños
Los perros
Los tigres

Ejemplo _____ aplauden. Los niños aplauden.

1. _____ son feroces. **2.** _____ ladran.

3–5. Copia el letrero del circo. Escoge en el cuadro una **parte que nombra** para completar cada oración.

Los leones	Los payasos	Un hombre	Una banda

Ejemplo _____ nos hacen reír. Los payasos nos hacen reír.

¡Ahora, a escribir!

ESCRIBIR • PENSAR • ESCUCHAR • HABLAR

DESCRIBIR

Escribe anuncios para el circo

Describe lo que hacen las personas y los animales en el circo. Haz dibujos. Enséñales y léeles el anuncio a tus compañeros. Pídele a uno que diga la parte que nombra de cada oración.

 Práctica adicional: página 30

Gramática

3 La parte que cuenta

Para comenzar

Representa algo que te gusta hacer. Pide a tus compañeros que adivinen qué es lo que estás haciendo.

La **parte que cuenta** de una oración indica qué es lo que hace o hizo la parte que nombra. Di lo que hizo o hace Ana.

Ana **siguió los letreros**. Ana **se desliza**.

Inténtalo

En voz alta Di una **parte que cuenta** de las que hay en el cuadro para terminar cada oración sobre la ilustración.

indican qué hacer	se subió a un poste
caminó sobre un tronco	jugaron

1. Tomás ____.
2. Sofía ____.
3. Los letreros ____.

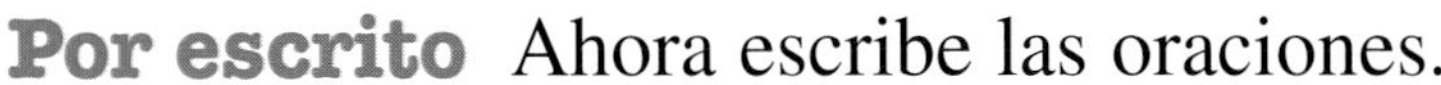

Por escrito Ahora escribe las oraciones.

Ejemplo Los niños ______.
Los niños jugaron.

Por tu cuenta

Escoge en el cuadro una **parte que cuenta** para terminar cada oración. Escribe las oraciones.

escribe libros	hace pan	nos cura

Ejemplo Un panadero _____. Un panadero hace pan.

1. Un médico ______.
2. Un escritor ______.

3–4. Escoge en el cuadro una **parte que cuenta** para terminar cada oración. Escribe el título y las oraciones.

cultiva la tierra	va en avión	arregla dientes

Ejemplo Un dentista _____. Un dentista arregla dientes.

Los trabajos de las personas

Un piloto ________________.

Un campesino ______________.

¡Ahora, a escribir!

ESCRIBIR • PENSAR • ESCUCHAR • HABLAR

INFORMAR

Escribe una lista

Escribe tres oraciones sobre el trabajo que hacen las personas en tu escuela o en tu salón de clases. Lee tus oraciones. Pide a un compañero que indique las partes que cuentan. Comenten si les gustaría hacer esos trabajos.

Práctica adicional: página 31

Gramática

4 ¿Es una oración?

Para comenzar

Di la parte que nombra y la parte que cuenta de cada oración.

Caperucita entró a la casa. El lobo se acostó en la cama de la abuelita de Caperucita.

—tomado de Caperucita, contado por Evelyne Flores

Una oración completa tiene una **parte que nombra** y una **parte que cuenta**. Lee la siguiente oración. Di la parte que nombra. Di la parte que cuenta.

Un gran sapo salta a una roca.

Inténtalo

En voz alta ¿Qué dos grupos de palabras son oraciones completas? Lee las oraciones y explica por qué.

1. Sobre un tronco.
2. Los peces nadan en el agua.
3. Tres pájaros cantan.
4. El sapo verde.

Por escrito Ahora, escribe las dos oraciones completas.

Ejemplo En el agua. Un lirio flota.
Un lirio flota.

Por tu cuenta

Lee y copia cada grupo de palabras. Escribe **sí** para cada oración completa. Escribe **no** para los demás grupos de palabras.

Ejemplo Las flores se abren. sí

1. Las plantas crecen.
2. En la corriente.
3. Agua profunda.
4. La rana se cae.

5–6. Lee cada grupo de palabras. Escribe las dos oraciones completas para hacer un letrero como el que se presenta aquí.

Ejemplo Los patos viven aquí. Los patos viven aquí.
Un gran lago.

- Los niños nadan aquí.
- Nadar y correr.
- La entrada.
- Los botes no se permiten.

¡Ahora, a escribir!

ESCRIBIR • PENSAR • ESCUCHAR • HABLAR

INFORMAR

Escribe oraciones para un letrero

Escribe dos oraciones completas para hacer un letrero para la puerta de tu cuarto. Léele las oraciones a un compañero. Pídele que diga las partes que nombran y las partes que cuentan.

 Práctica adicional: página 31

Escribir oraciones completas

Completar oraciones Escribe oraciones completas. Cada una debe tener una **parte que nombra** y una **parte que cuenta.**

Los monos juegan en los árboles.

Inténtalo

En voz alta Mira cada foto y el grupo de palabras que tiene debajo. Agrega otras palabras en cada grupo para decir una oración completa. Recuerda que cada una debe tener una parte que nombra y una parte que cuenta.

1. El mono.
2. Mucho maíz.
3. La cabeza
4. Los monos.

Por escrito 1–4. Ahora, escribe las cuatro oraciones completas. Comienza y termínalas correctamente.

Ejemplo Ese mono. Ese mono brinca.

Estrategias para revisar continuación

Aplícalo

1–2. Lee esta parte de un diario. Copia un grupo de palabras que no sea una oración. A ese grupo de palabras agrégale una parte que nombra o una parte que cuenta para formar una oración completa.

Ejemplo Los osos panda.
Los osos panda juegan.

Revisa

El sábado mi familia fue al zoológico nuevo que hay en la ciudad donde vivo. Yo vi muchos animales. Un oso panda y su hermana. Los osos panda son muy simpáticos.

3–6. Lee el resto del diario. Copia dos grupos de palabras que no sean oraciones. Agrégales una parte que nombra o una parte que cuenta para formar dos oraciones completas.

Revisa

En el camino a casa mis padres pararon a comer. Mi hermana y yo comimos pizza y ensalada. Muy buena. Después yo vi un video sobre los osos panda. Los pandas bonitos.

5 Oraciones declarativas

Lee la oración. ¿Qué información nos da?

Las lombrices no tienen ojos, ni oídos, ni nariz.

—tomado de Lombrices maravillosas, de Linda Glaser

Una **oración declarativa** nos da información. Comienza con **letra mayúscula**. Termina con un **punto**.

Algunos animales viven en granjas**.**

Los caballos viven en granjas**.**

Inténtalo

En voz alta Di cómo corregir cada oración.

1. las ovejas están en el corral.
2. Los puercos se revuelcan en el lodo
3. las vacas comen pasto

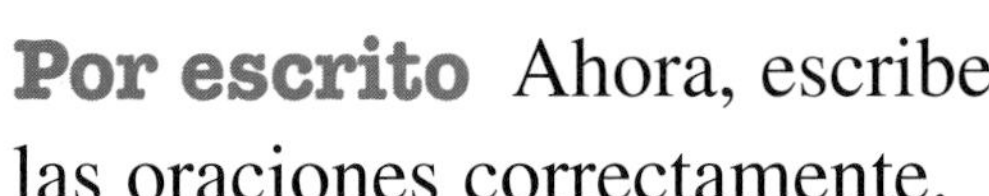

Por escrito Ahora, escribe las oraciones correctamente.

Ejemplo las gallinas ponen huevos
Las gallinas ponen huevos.

Por tu cuenta

Escribe correctamente cada oración.

Ejemplo el cerdo tiene calor
El cerdo tiene calor.

1. el sol brilla **2.** el gato duerme

3–6. Corrige esta tarjeta postal. Añade letras mayúsculas y puntos. Escribe el mensaje correctamente.

Ejemplo nadamos en el lago
Nadamos en el lago.

Queridos papás:

les dimos de comer a las gallinas Montamos a caballo la granja es muy interesante.

Luisa y Pepe

Sr. y Sra. López
7 Baker Street
Tampa, Florida 33605

¡Ahora, a escribir!

ESCRIBIR • PENSAR • ESCUCHAR • HABLAR

DESCRIBIR

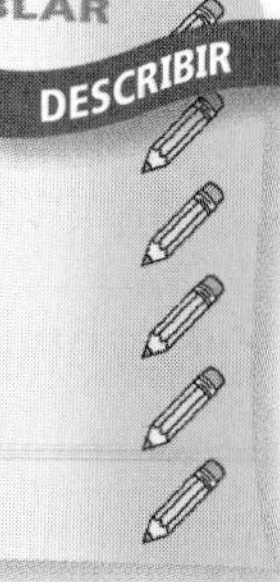

Escribe una tarjeta postal

Escribe sobre algún lugar. Haz dibujos. Léele tus oraciones a un compañero. Juntos revisen las letras mayúsculas y los puntos.

Práctica adicional: página 32

Gramática / Estilo

6 Preguntas

Para comenzar

Mira la ilustración. ¿Qué ve la ardilla? ¿Qué estará pensando? Di una pregunta que haría la ardilla si pudiera hablar.

Una **pregunta** es una oración que pide información. Las preguntas comienzan con **letra mayúscula** y van entre **signos de interrogación**.

¿Cómo te llamas?

¿Te gustan los árboles?

Inténtalo

En voz alta Di cómo corregir cada una de las preguntas.

1. ¿se comerá las semillas?
2. ¿la ardilla es roja
3. Dónde vive?

Por escrito Ahora, escribe las preguntas correctamente.

Ejemplo encontró bellotas?
¿Encontró bellotas?

Por tu cuenta

Escribe la pregunta correcta de cada par de oraciones.

Ejemplo qué hay en el cielo. ¿Qué hay en el cielo?
¿Qué hay en el cielo?

1. ¿Ahí está la luna?
   ¿ahí está la luna?
2. ¿ves las estrellas?
   ¿Ves las estrellas?
3. ¿Es un cohete?
   Es un cohete
4. adónde va?
   ¿Adónde va?

5–8. Corrige las preguntas de ciencias de Juan. Busca cuatro errores de letras mayúsculas y signos de interrogación. Escribe las preguntas correctamente.

Ejemplo qué quiero saber
¿Qué quiero saber?

Corrige

¿de qué tamaño son los cohetes?
¿Son todos del mismo tamaño?
¿Puede un cohete llegar a Marte?
dónde se construyen los cohetes?

¡Ahora, a escribir!

ESCRIBIR • PENSAR • ESCUCHAR • HABLAR

INFORMAR

Escribe preguntas

Escribe cuatro preguntas que puedas responder. Léeles las preguntas a tus compañeros y pídeles que las contesten.

Práctica adicional: página 32

Gramática / Estilo

7 Mandatos

Para comenzar

Haz lo que dice esta oración.

—Acércate un poquito.

—tomado de Cuento de un cocodrilo,
de José y Ariane Aruego

Una oración declarativa termina con un punto. Una pregunta comienza y termina con un signo de interrogación. Otro tipo de oración es un **mandato**. Un mandato le dice a una persona o a un animal que haga algo. Un mandato comienza con letra **mayúscula** y termina con un **punto**. Por lo general un mandato comienza con una acción.

Juega conmigo. Escucha las reglas.

Inténtalo

En voz alta Di cómo corregir cada mandato.

1. Escóndete
2. no hagas ruido.
3. cuenta hasta diez
4. Mira a tu alrededor

Por escrito Ahora, escribe las oraciones correctamente.

Ejemplo cierra los ojos Cierra los ojos.

Por tu cuenta

Escribe cada mandato correctamente.

Ejemplo párate aquí
Párate aquí.

1. toma esta cuerda
2. Tira con fuerza
3. no la sueltes

4–6. Corrige esta lista de mandatos. Busca tres errores de letras mayúsculas y puntos finales. Escribe los mandatos correctamente.

Ejemplo ¿hagan una fila? Hagan una fila.

SI SUENA LA ALARMA

no hablen.

¿Caminen rápidamente?

Sigan a su maestra

¡Ahora, a escribir!

ESCRIBIR • PENSAR • ESCUCHAR • HABLAR

INFORMAR

Escribe mandatos

Escribe mandatos para usar en un juego de "Simón dice". Trabaja con un compañero y revisen que los mandatos comiencen y terminen correctamente. Con la clase jueguen a "Simón dice" y usen sus mandatos.

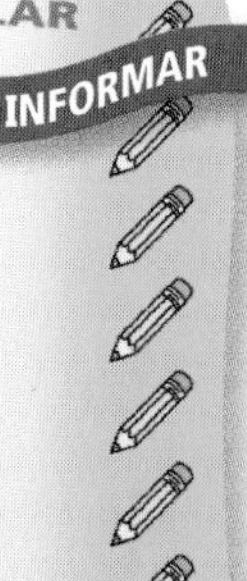

Práctica adicional: página 33

8 Exclamaciones

Para comenzar

Di esta oración con expresión de miedo o de susto.

¡Caperucita está an apuros!

—tomado de Caperucita Roja y la luna de papel, de Aída Marcuse

Todas las oraciones comienzan con **mayúscula**. Las declaraciones y mandatos terminan con un punto. Las preguntas van entre signos de interrogación. Otro tipo de oración es una **exclamación**. Las exclamaciones indican un sentimiento como emoción, sorpresa o temor. Comienzan y terminan con **signos de exclamación** (¡ !).

¡Alguien rompió mi silla**!** **¡E**lla fue**!**

Inténtalo

En voz alta Di cómo corregir cada exclamación. Lee cada oración con emoción.

1. ayúdame!
2. Tengo miedo
3. ¡Me tengo que ir a la casa

Por escrito Escribe las exclamaciones correctamente.

Ejemplo qué sorpresa ¡Qué sorpresa!

Por tu cuenta

Escribe la exclamación correcta de cada par de oraciones.

Ejemplo cierra la puerta ¡Cierra la puerta!
¡Cierra la puerta!

1. ¡el lobo nos persigue
   ¡El lobo nos persigue!
2. ¿Tiraré tu casa de un soplido?
   ¡Tiraré tu casa de un soplido!
3. Vete.
   ¡Vete!
4. ¡No tengo miedo!
   No tengo miedo.

5–8. Corrige esta página. Busca cuatro errores de letras mayúsculas y signos de exclamación en las oraciones. Escribe el título y las oraciones correctamente.

Ejemplo qué susto.
¡Qué susto!

Corrige

Noticiero infantil

vaca llega hasta la luna!

¡huevo gigante se cae!

¡Ratón sube por el reloj?

¡Ahora, a escribir! ESCRIBIR • PENSAR • ESCUCHAR • HABLAR

CREAR

Escribe exclamaciones

Haz un dibujo sobre algún cuento para niños. Escribe una exclamación acerca del dibujo. Léele tu exclamación a un compañero con la expresión apropiada.

¿Qué es una oración? (página 7)

Escribe oraciones uniendo las palabras del cuadro A con las palabras del cuadro B.

A	B
1. El avión	estaba deliciosa.
2. El viaje	gozamos el viaje.
3. La comida	despegó.
4. Todos	fue muy largo.

Parte que nombra y Parte que cuenta (páginas 9, 11)

Escoge la parte que nombra o la parte que cuenta del cuadro para terminar cada oración. Escribe las oraciones.

El avión	se puso

5. El sol _____.
6. _____ aterrizó.

¿Es una oración? (página 13)

Copia cada grupo de palabras. Escribe **sí** después de cada oración completa. Escribe **no** después de cada grupo de palabras que no sea una oración.

7. Luces brillantes.
8. La ciudad era calurosa.
9. Yo fui caminando a mi casa.
10. Mucho ruido.

¿Qué tipo de oración? (páginas 17, 19)

Escribe cada oración. Agrega los signos de interrogación y los puntos necesarios. Escribe **D** después de cada declaración. Escribe **P** después de cada pregunta.

11. Me gusta el parque

12. Vendrás?

13. ¿Es divertido

14. Los niños andan en bicicleta

Declaraciones, Preguntas, Mandatos y Exclamaciones

(páginas 17, 19, 21, 23)

Escribe cada oración correctamente. Añade las mayúsculas y los signos de exclamación o interrogación necesarios.

15. podemos ir al parque?

16. qué globo tan grande

17. un conjunto toca música

18. dame la mano

Repaso mixto 19–24. Corrige este informe. Busca seis errores de mayúsculas y signos de puntuación. Asegúrate de escribir oraciones completas. Escribe el informe correctamente.

Lista de control: Corregir

- ✔ ¿Tienen las oraciones una parte que nombra y una parte que cuenta?
- ✔ ¿Comienzan con letras mayúsculas?
- ✔ ¿Terminan con un punto las declaraciones y los mandatos?
- ✔ ¿Usaste signos de interrogación?
- ✔ ¿Usaste signos de exclamación?

Ejemplo pueden volar todas las aves

¿Pueden volar todas las aves?

¿Es un ave?

¡Me encantan las aves! A ti te gustan las aves? Adivina qué es un ave.

¿Un ave es un animal que vuela?

No todas las aves vuelan. El avestruz y el pingüino no vuelan? El avestruz corre muy rápido. El pingüino Nada utilizando sus pequeñas alas. Todas las aves tienen plumas. las plumas mantienen a las aves calientes y secas. Ningún otro animal tiene plumas.

Todas las aves ponen huevos. ¿quieres saber más sobre las aves? Consulta un libro sobre aves

 Examen de práctica

Escribe los números del 1 al 6 en una hoja de papel. Lee las palabras junto a cada número. Si forman una oración correcta, escribe en tu hoja la letra de la respuesta que dice “Oración correcta”. Si no, escribe la letra de la respuesta correcta.

1 las vacas comen pasto.

- **A** Las vacas comen pasto?
- **B** Las vacas comen pasto.
- **C** Oración correcta

2 El perro es grande

- **F** El perro es grande.
- **G** el perro es grande.
- **H** Oración correcta

3 Ana vio un ave.

- **A** Ana vio. Un ave.
- **B** ana vio un ave.
- **C** Oración correcta

4 La pequeña rana. Salta.

- **F** La pequeña rana salta?
- **G** La pequeña rana salta.
- **H** Oración correcta

5 El niño va a la escuela

- **A** El niño va a la escuela.
- **B** ¿El niño va a la escuela
- **C** Oración correcta

6 ¿Qué comió Jorge?

- **F** Qué comió Jorge.
- **G** qué comió Jorge?
- **H** Oración correcta

Examen de práctica continuación

Ahora escribe los números del 7 al 12 en tu hoja. Lee las palabras junto a cada número. Si forman una oración correcta, escribe en tu hoja la letra de la respuesta que dice "Oración correcta". Si no, escribe la letra de la respuesta correcta.

7 El carro es veloz.

- **A** El carro es veloz
- **B** el carro es veloz.
- **C** Oración correcta

8 Pasa por aquí

- **F** pasa por aquí.
- **G** Pasa por aquí.
- **H** Oración correcta

9 Benito y Juan. Jugaron en el parque.

- **A** Benito y Juan jugaron en el parque.
- **B** Benito y Juan jugaron en el parque?
- **C** Oración correcta

10 Qué alegría. ¡Me da!

- **F** ¡Qué alegría me da!
- **G** ¡qué alegría me da!
- **H** Oración correcta

11 Las plantas crecen.

- **A** Las plantas crecen
- **B** ¿Las plantas crecen.
- **C** Oración correcta

12 los payasos hacen cosas graciosas

- **F** Los payasos. Hacen cosas graciosas.
- **G** Los payasos hacen cosas graciosas.
- **H** Oración correcta

Práctica adicional

(páginas 7–8)

¿Qué es una oración?

- Una oración indica lo que hace o hizo alguien o algo.

Recuerda

Forma oraciones uniendo una parte del cuadro A con una parte del cuadro B. Escribe las oraciones.

Ejemplo El niño   movió la cola. El niño dibujó un perro.
dibujó un perro.

A	B
1. Elena	atravesó el cielo.
2. El arco iris	eran rojo y azul.
3. Los colores	hizo un dibujo.

(páginas 9–10)

2 La parte que nombra

- En una oración, la parte que nombra indica quién o qué hace o hizo algo.

Escoge en el cuadro una **parte que nombra** para comenzar cada oración. Escribe las oraciones.

Los pollitos	Las abejas	El gallo	Los perros	El león

Ejemplo _____ pían. Los pollitos pían.

1. _____ juegan.
2. _____ canta.
3. _____ pican.
4. _____ ruge.

(páginas 11–12)

La parte que cuenta

- La parte que cuenta de una oración indica qué es lo que hace o hizo la parte que nombra.

Escribe cada oración utilizando una **parte que cuenta** de las que se presentan en el cuadro.

duerme	brilla	salta	canta	florecen

Ejemplo El conejo ______.

El conejo salta.

1. Las rosas ______.
2. El sol ______.
3. El pájaro ______.
4. El gato ______.

(páginas 13–14)

¿Es una oración?

- Una oración completa tiene una parte que nombra y una parte que cuenta.

Copia cada grupo de palabras. Escribe **sí** cuando es una oración. Escribe **no** cuando no es una oración.

Ejemplo Un jardín grande. Un jardín grande. no

1. Los niños jugaron.
2. Dos niños felices.
3. En los columpios.
4. Tú corres a casa.

Oraciones declarativas

(páginas 17–18)

- Una oración declarativa nos da información.
- Comienza con mayúscula y termina con un punto (.).

Escribe la oración declarativa correcta de cada par de oraciones.

Ejemplo Tengo un pez. Tengo un pez.
Tengo un pez

1. vive en un acuario
   Vive en un acuario.
2. tiene franjas azules
   Tiene franjas azules.
3. Es un pez cebra.
   es un pez cebra.
4. me gusta mucho
   Me gusta mucho.

Preguntas

(páginas 19–20)

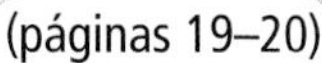

- Una pregunta es una oración que pide información.
- Comienza con una letra mayúscula y va entre signos de interrogación (¿?).

Escribe la pregunta correcta de cada par de oraciones.

Ejemplo dónde esta el perro ¿Dónde está el perro?
¿Dónde está el perro?

1. ¿Está debajo de la cama?
   ¿está debajo de la cama?
2. llamaste al perro?
   ¿Llamaste al perro?
3. ¿Oíste un ladrido?
   Oíste un ladrido
4. ¿está en el jardín
   ¿Está en el jardín?

(páginas 21–22)

7 Mandatos

- Un mandato le dice a una persona o a un animal que haga algo.
- Comienza con mayúscula y termina con un punto.

Escribe el mandato correcto de cada par de oraciones.

Ejemplo Escucha a la maestra. Escucha a la maestra.
escucha a la maestra.

1. ve al bosque
   Ve al bosque.
2. Recoge unas hojas.
   Recoge unas hojas
3. Pega tus hojas aquí.
   Pega tus hojas aquí
4. regresa pronto.
   Regresa pronto.

(páginas 23–24)

8 Exclamaciones

- Una exclamación indica un sentimiento fuerte.
- Comienza con mayúscula y va entre signos de exclamación (¡ !).

Escribe la exclamación correcta de cada par de oraciones. Lee la oración con la expresión apropiada.

Ejemplo ¡Me encantan los libros ¡Me encantan los libros!
¡Me encantan los libros!

1. qué libro tan divertido!
   ¡Qué libro tan divertido!
2. ¡Tengo miedo!
   Tengo miedo
3. ¡Qué sorpresa!
   Qué sorpresa.
4. ¡Estoy muy orgulloso de ti.
   ¡Estoy muy orgulloso de ti!

Nombres y pronombres

Nombres

Para comenzar

Di las palabras que nombran a personas en la siguente oración.

Mi mamá y mi papá podrán tener todo cuanto quieran.

—tomado de Silvestre y la piedrecita mágica, de William Steig

Una palabra que nombra a una persona es un **nombre**. Lee estas oraciones. Di los nombres que indican personas.

Mi **papá** es **maestro**.

Mi **mamá** es **dentista**.

Inténtalo

En voz alta Di qué palabras son nombres en estas oraciones.

1. La niña aplaude.
2. El niño grita.
3. El bebé se ríe.

Por escrito Ahora, escribe las oraciones y traza una línea debajo de cada nombre.

Ejemplo La mamá sonríe.

La mamá sonríe.

Por tu cuenta

Escribe estas oraciones. Subraya cada nombre que nombra a una persona.

Ejemplo Es el cumpleaños de la niña.

Es el cumpleaños de la niña.

1. Su papá corta el pastel.
2. Sus amigos le traen regalos.

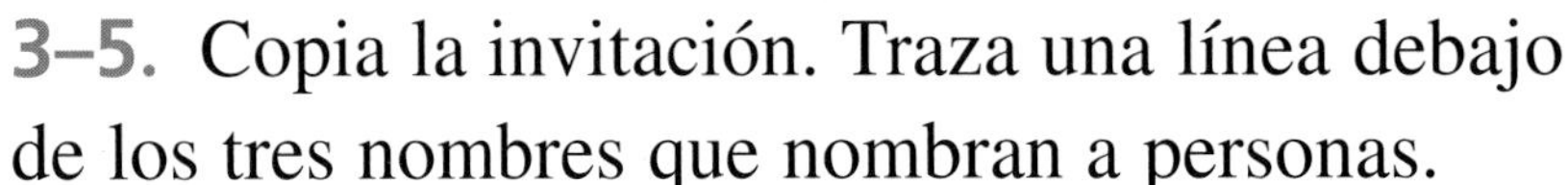

3–5. Copia la invitación. Traza una línea debajo de los tres nombres que nombran a personas.

Ejemplo Mi abuelo escoge las canciones.

Mi abuelo escoge las canciones.

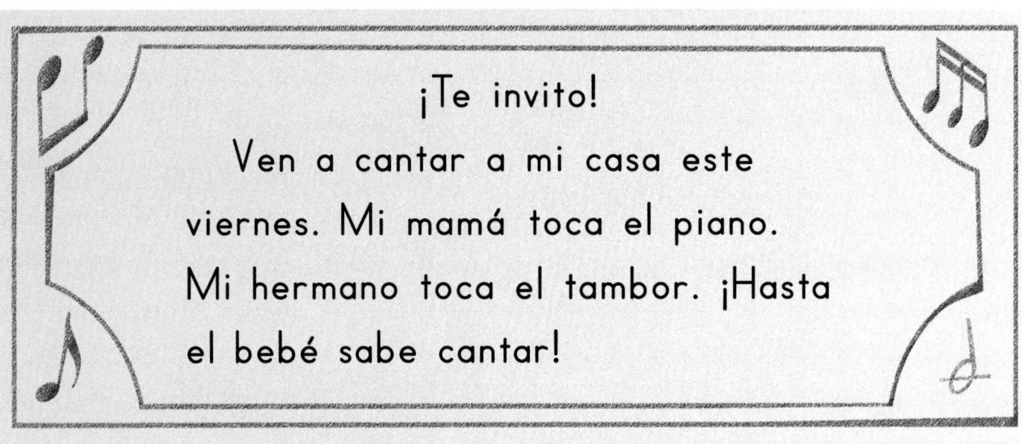

¡Ahora, a escribir!

ESCRIBIR • PENSAR • ESCUCHAR • HABLAR

INFORMAR

Escribe oraciones

Escribe oraciones que describan lo que les gusta hacer a dos o más familiares tuyos. Léele estas oraciones a un compañero y pídele que diga cada palabra que nombre a una persona.

Práctica adicional: página 60

Gramática

2 Más nombres

Para comenzar

Inventa oraciones sobre este dibujo. Nombra por lo menos un animal, un lugar y una cosa.

Un nombre puede nombrar a una persona. Un **nombre** también puede nombrar un animal, un lugar o una cosa. ¿Qué nombre nombra un lugar? ¿Qué nombre nombra una cosa? ¿Cuál nombra un animal?

Juan fue al **lago**.

Un **pez** nadaba cerca de su **bote**.

Inténtalo

En voz alta Lee cada oración en voz alta. Di el nombre que nombra un animal, un lugar o una cosa.

1. Fuimos a una granja muy grande.
2. Vimos un caballo.
3. Pedro manejó un camión.
4. Saqué una zanahoria.

Por escrito Ahora, escribe cada oración. Traza una línea debajo del nombre que nombra un animal, un lugar o una cosa.

Ejemplo La casa es roja. La casa es roja.

Por tu cuenta

Escribe estas oraciones. Traza una línea debajo de cada nombre que indique un lugar o una cosa.

Ejemplo Tengo una pelota.
Tengo una pelota.

1. María tiene un bate.
2. Jugamos en la escuela.

3–5. Copia el diario de Paula. Escoge un nombre del cuadro para terminar cada oración.

perro
escuela
parque
papalote

Ejemplo Cerca de mi ____ hay un parque.
Cerca de mi escuela hay un parque.

Hoy fui al (3) ____. Me llevé un (4) ____ para volarlo. Me acompañó mi (5) ____ y jugó con las ardillas.

¡Ahora, a escribir!

ESCRIBIR • PENSAR • ESCUCHAR • HABLAR

EXPRESAR

Escribe en tu diario

Escribe sobre un lugar que le guste a tu familia. Lee lo que escribiste en voz alta. Pide a un compañero que diga los nombres y si indican personas, animales, lugares o cosas.

Práctica adicional: página 60

Gramática

3 Uno y más de uno

Para comenzar

Haz una lista de los objetos en tu salón. ¿Qué palabras en tu lista indican más de un objeto?

Un nombre puede indicar **más de una** persona, animal, lugar o cosa. Para indicar **más de uno** se agrega una **s** a los nombres que terminan en vocal. Lee los nombres subrayados. ¿Qué nombre indica uno solo? ¿Y más de uno?

Hay una niña en la piscina.

Dos niña**s** están nadando en la piscina.

Inténtalo

En voz alta Lee cada oración y menciona dos nombres en cada una. Di cuál de los nombres indica más de uno.

1. Las niñas están en la piscina.
2. Dos equipos harán una carrera.
3. Las niñas están en el agua.
4. Las ganadoras reciben un premio.

Por escrito Ahora, escribe cada una de las oraciones. Subraya cada uno de los nombres que indica más de uno.

Ejemplo Hay dos banderas cerca de la piscina.
Hay dos banderas cerca de la piscina.

Por tu cuenta

Escribe las oraciones y complétalas con el nombre que indique más de uno.

Ejemplo Las (niña, niñas) están en el agua.
Las niñas están en el agua.

1. Las (nadadora, nadadoras) compiten.
2. Los (papá, papás) las animan.

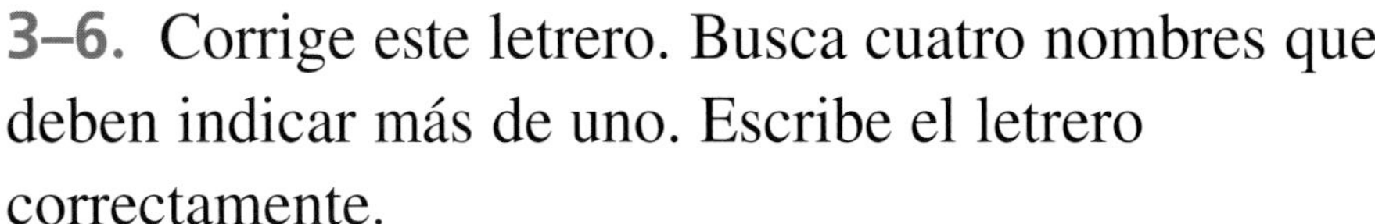

3–6. Corrige este letrero. Busca cuatro nombres que deben indicar más de uno. Escribe el letrero correctamente.

Ejemplo Las persona deben usar los salvavidas.
Las personas deben usar los salvavidas.

Obedezca todas las regla

Las persona deben colgar sus toalla.

No se permiten pelota en la piscina.

No se permite correr cerca de la piscina.

ESCRIBIR • PENSAR • ESCUCHAR • HABLAR

INFORMAR

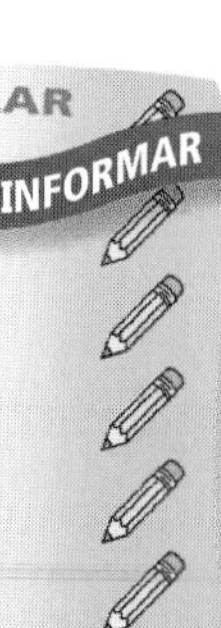

Escribe reglas de la escuela

Escribe dos reglas que se deben obedecer en la escuela. Léele tus reglas a un compañero y pídele que diga qué nombres indican uno y cuáles indican más de uno.

 Práctica adicional: página 61

Combinar oraciones

Juntar las partes que nombran

Puedes formar una oración más larga uniendo dos oraciones que tienen la misma parte que cuenta. Escribe y entre las dos **partes que nombran** y después escribe la parte que cuenta.

Las niñas fueron a la piscina.

Los niños fueron a la piscina.

Las niñas y **los niños** fueron a la piscina.

Inténtalo

En voz alta/Por escrito Lee cada par de oraciones. Usa y para juntar las partes que nombran de las oraciones. Después lee en voz alta y escribe la nueva oración más larga.

Ejemplo Los lentes están sobre la mesa.
Los libros están sobre la mesa.
Los lentes y los libros están sobre la mesa.

1. Las niñas se lanzaron al agua.
   Los niños se lanzaron al agua.
2. Los libros se mojaron.
   Los lentes se mojaron.

Estrategias para revisar continuación

Aplícalo

1–9. Lee el correo electrónico de Daniel. Copia las oraciones subrayadas y haz un círculo alrededor de la parte que nombra. Después utiliza y para unir las dos oraciones subrayadas en una sola. Escribe cada oración nueva.

Ejemplo Mis amigos vieron al niño. Yo vi al niño.
Mis amigos vieron al niño. Yo vi al niño.
Mis amigos y yo vimos al niño.

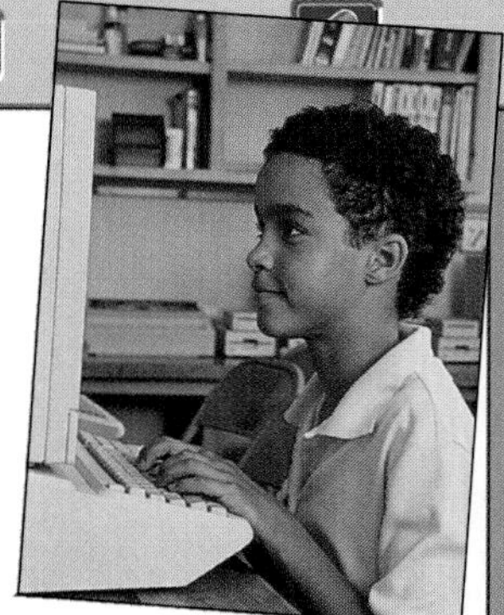

Querido Joel:

Un niño corría por la orilla de la piscina. Su mamá lo llamó. Su papá lo llamó.

El niño se cayó en la parte profunda de la piscina. Su papá se echó al agua. El salvavidas se echó al agua. Todos los que estaban en la piscina los miraban. El salvavidas lo sacó. Su papá lo sacó.

Mis padres siempre me dicen: “No corras cerca de la piscina”. ¡Ahora entiendo por qué!

Daniel

Gramática

4 Nombres masculinos y femeninos

Para comenzar

Fíjate en los nombres de animales de esta oración. ¿Por qué algunos de ellos llevan un delante y otros llevan una?

> Por eso en su casa tiene un perro, un gato, un loro, dos canarios, una tortuga y también una hermosa gallina llamada Rosaura.
>
> —tomado de Rosaura en bicicleta, de Daniel Barbot

Un nombre puede ser **masculino** o **femenino**. Son masculinos los nombres que usan **el** y **un** o **los** y **unos**. Son femeninos los que usan **la** y **una** o **las** y **unas**.

Nombres masculinos: Mi **papá** es **mecánico**.
Nombres femeninos: Mi **mamá** es **doctora**.

Inténtalo

En voz alta Lee los siguientes nombres y di si son masculinos o femeninos.

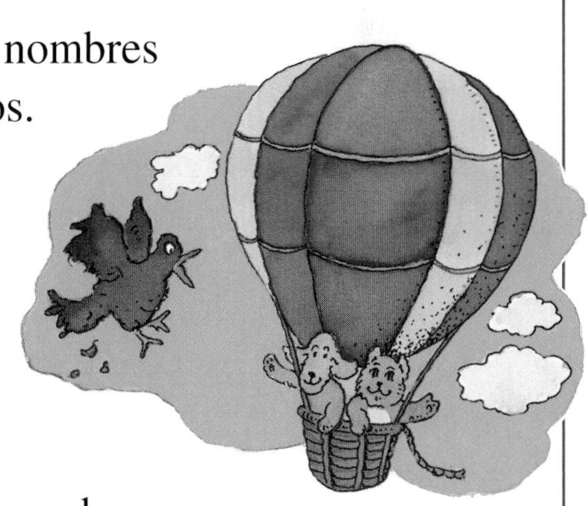

1. pájaro
2. globo
3. canasta
4. osa
5. perro
6. pelota
7. cielo
8. sombra

Por escrito Ahora, copia cada nombre y escribe si es femenino o masculino.

Ejemplo nube nube femenino

Por tu cuenta

Copia estas oraciones. Subraya cada nombre y escribe si es masculino o femenino.

Ejemplo El panal es grande.
El panal es grande. masculino

1. La miel es muy dulce.
2. Las abejas pueden picar.

3–7. Copia estas oraciones. Subraya cada nombre y escribe si es masculino o femenino.

Ejemplo Esta araña es muy grande.
Esta araña es muy grande. femenino

Arañas

Esta araña tiene el cuerpo de dos colores. Tiene franjas. Tiene ocho patas.

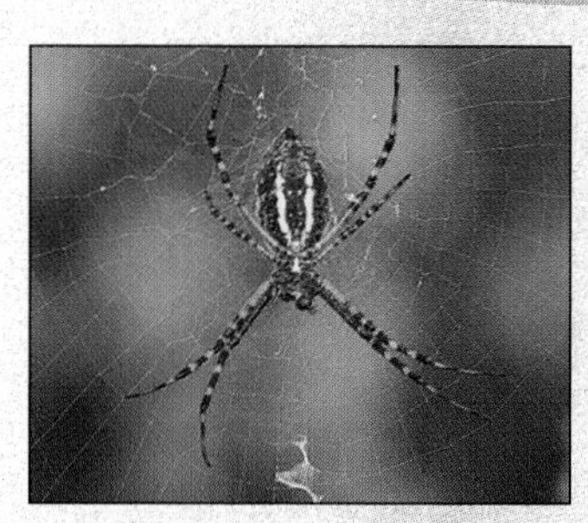

¡Ahora, a escribir! ESCRIBIR • PENSAR • ESCUCHAR • HABLAR

INFORMAR

Guía de insectos

Escribe una página para una guía de insectos. Usa nombres para decir cómo es tu insecto. Haz un dibujo si quieres. Junta tu página con las de otros compañeros para formar una guía de insectos. Lean su guía y encuentren los nombres masculinos y femeninos.

Gramática

5 Plurales en es

Para comenzar

Cambia todos los nombres subrayados para indicar más de uno. ¿Qué hiciste para cambiarlos?

El camarón come melón sentado en el sillón del salón.

Ya sabes que se agrega **s** a los nombres que terminan en vocales para indicar más de uno. A los nombres que terminan en consonante se les agrega **es** para indicar más de uno.

mar	pared	sillón	corral
mar**es**	pared**es**	sillon**es**	corral**es**

Inténtalo

En voz alta Lee cada oración con el nombre que indica más de uno.

1. A Roberto le gustaron los (relojes, reloj).
2. María sembró dos (árboles, árbol).
3. Ha viajado por muchos (lugares, lugar).

Por escrito Ahora, escribe cada oración correctamente.

Ejemplo Los (coral, corales) viven en el mar.
Los corales viven en el mar.

Por tu cuenta

Cambia cada nombre para indicar más de uno.

Ejemplo canal canales

1. farol
2. animal
3. árbol
4. flor
5. dólar
6. collar

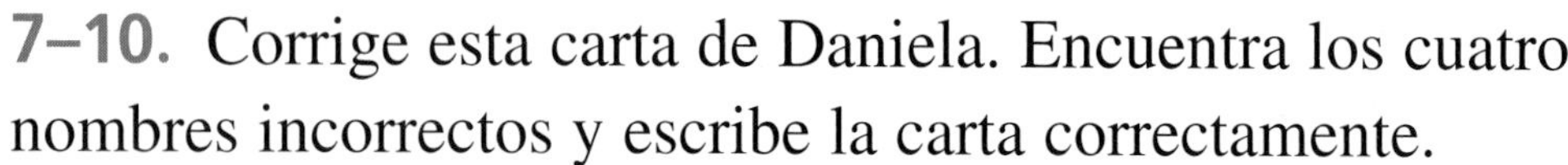

7–10. Corrige esta carta de Daniela. Encuentra los cuatro nombres incorrectos y escribe la carta correctamente.

Ejemplo Tiré unos cartons. Tiré unos cartones.

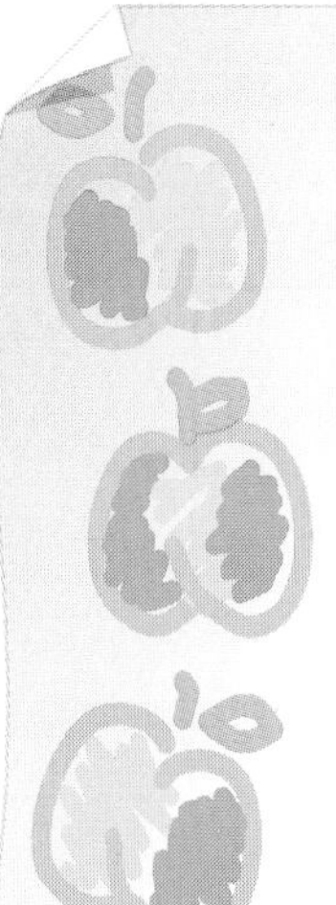

Querida abuela:

Mi mamá y yo fuimos de día de campo. Tomamos dos trens para llegar. Llevamos sándwichs y limonada. Vimos flors de muchos colors. ¡Fue divertido!

Daniela

¡Ahora, a escribir!

ESCRIBIR • PENSAR • ESCUCHAR • HABLAR

NARRAR

Escribe una carta

Cuéntale a alguien sobre un día en el campo o una caminata al aire libre. Describe lo que viste y lo que hiciste. Léele tu carta a un compañero. Juntos, cuenten cuántos nombres usaste que indican más de uno. ¿Cuáles indican más de uno añadiendo una s? ¿Cuáles añaden es?

Práctica adicional: página 62

Gramática

6 Plurales en z → c + es

Para comenzar

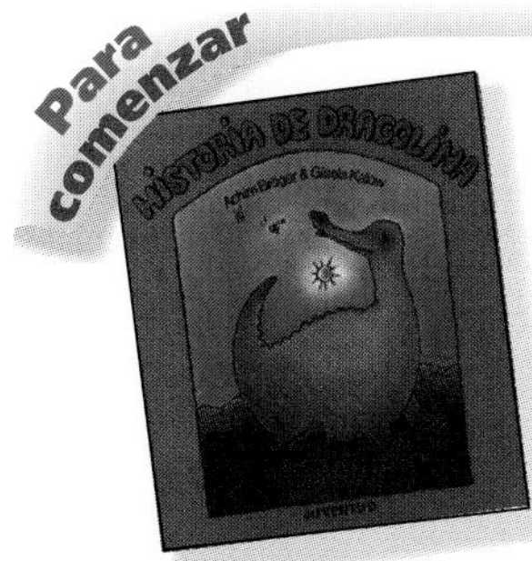

Mira la palabra subrayada en la siguiente oración. ¿Indica uno o más de uno? ¿Cuál es la forma que indica uno?

A veces, los dragones mayores escupían fuego.

—tomado de Historia de Dragolina, de Achim Bröger y Gizela Kalow

Ya sabes que a los nombres que terminan en consonante se les agrega **es** para indicar más de uno. Si la consonante es **z**, la **z** se cambia a **c** antes de agregar **es**.

vez	luz	lápiz
ve**ces**	lu**ces**	lápi**ces**

Inténtalo

En voz alta Di cómo cambiarías cada nombre para indicar más de uno.

1. nariz
2. nuez
3. cicatriz
4. raíz

Por escrito Ahora, escribe cada nombre correctamente.

Ejemplo cruz cruces

Por tu cuenta

Escribe cada oración cambiando el nombre entre paréntesis ( ) para indicar más de uno.

Ejemplo Tengo tres _____ (lápiz).
Tengo tres lápices.

1. Enciendan las _____ (luz).
2. Adán tiene dos _____ (cicatriz) en la cara.
3. En el bote hay muchas _____ (lombriz).

4–7. El informe de Mari tiene cuatro errores en los nombres que indican más de uno. Escríbelo correctamente.

Ejemplo Las codornises son aves pequeñas.
Las codornices son aves pequeñas.

Los avestruzes son aves enormes.
Los peses pueden respirar debajo del agua.
Las lombrises no tienen huesos en el cuerpo.
Las raízes de las plantas sacan agua.

¡Ahora, a escribir! ESCRIBIR • PENSAR • ESCUCHAR • HABLAR

Escribe un informe

Busca datos sobre un tema del informe de Mari. Escribe un párrafo con datos interesantes y compártelo. Asegúrate de escribir correctamente los nombres que indican más de uno.

Práctica adicional: página 62

7 Nombres especiales

Para comenzar

Di una letra del alfabeto. Piensa en una persona, un lugar, un animal y un nombre para ese animal que comiencen todos con esa letra. Inventa una canción como ésta.

L, me llamo Lilia.
Vivo en Los Ángeles.
Tengo un loro
llamado Lulú.

Algunos nombres nombran a personas, animales, lugares o cosas especiales. Estos **nombres especiales** se escriben con letra **mayúscula**.

Nombres	Nombres especiales
hombre	Juan
ciudad	México
loro	Lulú

Inténtalo

En voz alta Di qué nombres indican a personas, animales o lugares especiales.

1. Luis vive en Puebla.
2. Mili tiene un gato que se llama Chato.

Por escrito Escribe las oraciones. Pon los nombres especiales con mayúscula.

Ejemplo Vivo en san antonio. Vivo en San Antonio.

3. Mi amiga marta me escribe cartas.
4. El año pasado se fue a vivir a puerto rico.

Por tu cuenta

Escribe las oraciones. Pon cada nombre especial con mayúscula.

Ejemplo ¿Dónde está pablo hoy?
¿Dónde está Pablo hoy?

1. Se fue a houston.

2. Se llevó a su perra chispitas.

3–6. Corrige este anuncio. Busca cuatro errores de letras mayúsculas.

Ejemplo Buscamos por todo méxico.
Buscamos por todo México.

Corrige

GATO PERDIDO

¿Han visto a chuchi, nuestro gato?
Su casa está en la calle pinos.
Por favor llamen a marisol o
sergio al 555-6135.

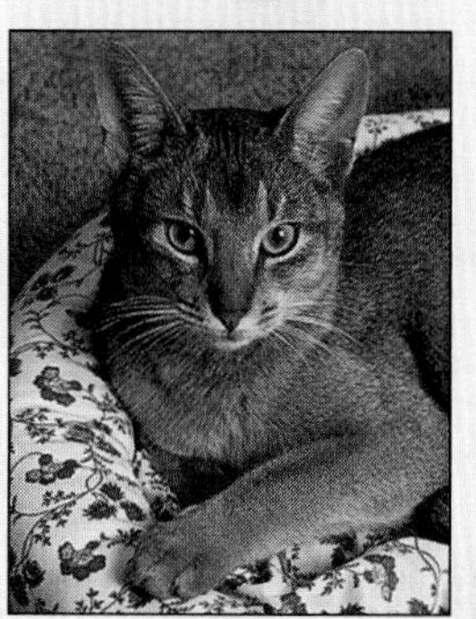

¡Ahora, a escribir!

ESCRIBIR • PENSAR • ESCUCHAR • HABLAR

INFORMAR

Escribe un anuncio

Haz un anuncio para un animal perdido. Escribe el nombre y la dirección. Haz un dibujo. Muestra y lee tu anuncio a tus compañeros y pídeles que indiquen los nombres especiales.

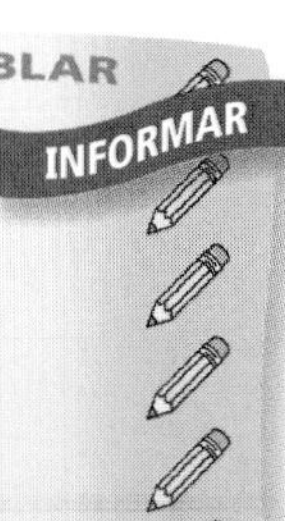

Gramática

8 Pronombres

Para comenzar

Juega el juego de "Veo, veo". Piensa en pistas como las que aparecen en el letrero. Usa él, ella, ellas y ellos en tus preguntas.

Veo a alguien.
Tiene pelo castaño.
Usa pantalón azul.
¿Quién es ella?

Un **nombre** indica una persona, un animal, un lugar o un objeto. Un **pronombre** puede tomar el lugar de un nombre.

Lili ve.	**Pedro** salta.	**Pedro** y **Lili** van.	**Lili** y **Eva** vienen.
Ella ve.	**Él** salta.	**Ellos** van.	**Ellas** vienen.

Inténtalo

En voz alta Di qué pronombre del cuadro puede tomar el lugar del nombre o los nombres subrayados en cada oración.

Ella	Ellos
Él	Ellas

1. Pedro y Lili cocinaron pan.
2. Eva calentó la leche.
3. Pedro agregó la harina.
4. Eva y Lili lo pusieron en el horno.

Por escrito Ahora, escribe cada oración. Usa un pronombre del cuadro en lugar de los nombres subrayados.

Ejemplo A Lili le gusta el pan. A ella le gusta el pan.

Por tu cuenta

Escribe cada oración. Usa un pronombre del cuadro para tomar el lugar del nombre subrayado.

Ellos
Ella
Él

Ejemplo Toño y Lucía están sentados en el piso.
Ellos están sentados en el piso.

1. Toño recoge los juguetes.
2. Lucía los pone en el cajón.

3–4. Corrige la nota de Emilia. Busca dos errores de pronombres. Copia la nota correctamente.

Ejemplo Miguel barrió el piso. Ella usó una escoba.
Miguel barrió el piso. Él usó una escoba.

Corrige

Mamá:

Miguel guardó los platos. Ellos lo hizo con mucho cuidado. La cocina todavía está mojada. No puedes entrar en él.

Emilia

¡Ahora, a escribir! ESCRIBIR • PENSAR • ESCUCHAR • HABLAR

INFORMAR

Escribe un recado

Anota un recado telefónico. Indica quién llamó, para quién fue la llamada, y qué quería la persona que llamó. Usa él, ella, ellas o ellos. Lee el mensaje en voz alta. Pide a un compañero que escriba los pronombres.

Práctica adicional: página 63

Escribir claramente con nombres y pronombres

Utilizar pronombres Procura no utilizar la misma **parte que nombra** una y otra vez. Usa un **pronombre** en su lugar, o deja sólo el verbo. Esto te ayudará a escribir mejor.

Luis y Vanesa ayudan.	**Luis y Vanesa** hacen su trabajo.
Ellos ayudan.	Hacen su trabajo.

Inténtalo

En voz alta Lee el letrero. Busca la parte que nombra que se repite en cada par de oraciones. Usa un pronombre en lugar de la parte que nombra en la segunda oración, o deja sólo el verbo. Lee la oración nueva en voz alta.

¿Está sucio su coche?

(1.) Luis y Vanesa lo lavarán.
¡Luis y Vanesa lo encerarán!

(2.) Su coche quedará brillante.
Su coche quedará como nuevo.

Por escrito 1–2.
Ahora, escribe las dos oraciones nuevas.

Ejemplo Luis dibujó el letrero. Luis lo coloreó.
Luis dibujó el letrero. Lo coloreó.

Estrategias para revisar continuación

Aplícalo

1–2. Lee esta parte de un anuncio. Encuentra la oración con una parte que nombra repetida. Copia esa oración y encierra en un círculo la parte que nombra. Después, usa un pronombre en lugar de la parte que nombra, o deja sólo el verbo. Escribe la oración nueva.

Ejemplo El Sr. Pérez vio el anuncio.
El Sr. Pérez llamó luego.
El Sr. Pérez llamó luego. Él llamó luego.

Revisa

Cuidado de perros

Luz y Pedro cuidarán a su perro.
Luz y Pedro lo llevarán a caminar.

3–4. Ahora, lee el resto del anuncio. Busca la oración con una parte que nombra repetida. Cópiala y encierra en un círculo la parte que nombra. Después, elimina el nombre o usa un pronombre. Escribe la oración nueva.

Revisa

Luz le enseñará muchos trucos a su perro. Luz le enseñará a sentarse. Llame al 652-1478.

Nombres (páginas 35, 37)

Escribe cada oración y subraya los nombres. Indica si el nombre indica una persona, un animal, un lugar o una cosa.

1. Nadamos en el lago.
2. Dormimos en una cabaña.
3. Mi papá cocinó.
4. Llevamos a nuestro perro.

Uno y más de uno (página 39)

Escribe cada oración usando el nombre que se refiera a más de uno.

5. Pasaron tres (barcos, barco).
6. Me comí dos (manzana, manzanas).
7. Leímos algunos (libro, libros).

Nombres masculinos y femeninos (página 43)

Copia estas oraciones. Subraya cada nombre y escribe si es masculino o femenino.

8. Disfruto el helado.
9. Me cansa hacer la tarea.
10. Descanso en la cama.

Plurales en es (página 45)

Escribe cada oración cambiando el nombre entre paréntesis ( ) para indicar más de uno.

11. Los _____ curan a las personas. (doctor)

12. Voy a regar los _____. (rosal)

13. Vimos unos _____ en la playa. (caracol)

14. Las _____ de mi cuarto son blancas. (pared)

Plurales en z → c + es (página 47)

Escribe cada oración cambiando el nombre entre paréntesis ( ) para indicar más de uno.

15. El nogal dio muchas _____. (nuez)

16. Tiene una pecera llena de hermosos _____. (pez)

17. Me hacen falta _____ de colores. (lápiz)

18. Prendieron todas las _____. (luz)

Nombres especiales (página 49)

Escribe las oraciones usando una letra mayúscula para cada nombre especial.

19. Mi hermana se llama margarita.

20. Vivimos en la calle washington.

Pronombres (página 51)

Escribe cada oración con un pronombre del paréntesis ( ).

21. Anita y Jaime caminaron al cerro. (Ella, Ellos)

22. Jaime se cansó mucho. (Él, Ellas)

Repaso mixto

23–28. Corrige este artículo. Busca cinco errores con nombres y un error con pronombre.
Escribe el artículo correctamente.

Lista de control: Corregir

- ✔ ¿Están con mayúscula los nombres de personas y lugares especiales?
- ✔ ¿Usaste la forma correcta (s o es) para indicar más de uno?
- ✔ ¿Cambiaste z por c antes de agregar es?
- ✔ ¿Usaste pronombres correctos?

Ejemplo david ganó el partido. David ganó el partido.

Corrige

Jugamos fútbol la semana pasada. Jugamos de noche, pero las luzes del parque son buenas. David metió el gol que ganó el partido. Ello estaba muy contento. Carmen y yo también metimos gols. Tenemos dos entrenadors nuevos y un portero que se llama pablo. El sábado jugaremos en una cancha de la calle alameda. Ven a vernos jugar.

Examen de práctica

Escribe los números del 1 al 6 en una hoja de papel. Lee cada oración. Decide si está correcta o, si no, qué tipo de error contiene. Escribe la letra de la respuesta correcta.

1 Le voy a dar de comer al perro de samuel.

- **A** Ortografía
- **B** Uso de mayúsculas
- **C** Puntuación
- **D** Oración correcta

2 Roberto y Mariana caminan a su casa.

- **F** Ortografía
- **G** Uso de mayúsculas
- **H** Puntuación
- **J** Oración correcta

3 Ella tenía dos lápizes.

- **A** Ortografía
- **B** Uso de mayúsculas
- **C** Puntuación
- **D** Oración correcta

4 Él vive en la calle alameda.

- **F** Ortografía
- **G** Uso de mayúsculas
- **H** Puntuación
- **J** Oración correcta

5 Lilia vio el avión salir del aeropuerto

- **A** Ortografía
- **B** Uso de mayúsculas
- **C** Puntuación
- **D** Oración correcta

6 ¡Me gusta la escuela?

- **F** Ortografía
- **G** Uso de mayúsculas
- **H** Puntuación
- **J** Oración correcta

 **Examen de práctica** continuación

Ahora escribe los números del 7 al 12 en tu hoja. Lee cada oración. Decide si está correcta o, si no, qué tipo de error contiene. Escribe la letra de la respuesta correcta.

7 Me duelen los pieses.

A Ortografía
B Uso de mayúsculas
C Puntuación
D Oración correcta

8 El domingo vamos a ir a la playa.

F Ortografía
G Uso de mayúsculas
H Puntuación
J Oración correcta

9 Dónde está mi guante de béisbol

A Ortografía
B Uso de mayúsculas
C Puntuación
D Oración correcta

10 Nos mudamos a texas.

F Ortografía
G Uso de mayúsculas
H Puntuación
J Oración correcta

11 Me gustan los árbols del bosque.

A Ortografía
B Uso de mayúsculas
C Puntuación
D Oración correcta

12 La gata de Andrea se llama manchita.

F Ortografía
G Uso de mayúsculas
H Puntuación
J Oración correcta

Práctica adicional

(págs. 35–36)

 Nombres

- Una palabra que nombra a una persona se llama nombre.

Escribe las oraciones. Subraya cada nombre que indique una persona.

Ejemplo La bailarina saltó.

La bailarina saltó.

1. La maestra observó.
2. El hombre tocó el piano.
3. El bebé aplaudió.
4. Mi abuela sonrió.

(págs. 37–38)

2 Más nombres

- Un nombre también puede nombrar un animal, un lugar o una cosa.

Escribe cada oración. Subraya cada nombre que indique un animal, un lugar o una cosa.

Ejemplo Fuimos a una granja.

Fuimos a una granja.

1. Vimos granjeros y vacas.
2. Caminamos por un campo enorme.
3. El maíz estaba muy alto.
4. Vimos un tractor muy grande.

Práctica adicional

(págs. 39–40)

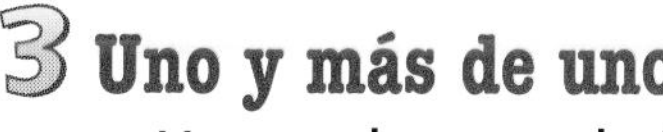

3 Uno y más de uno

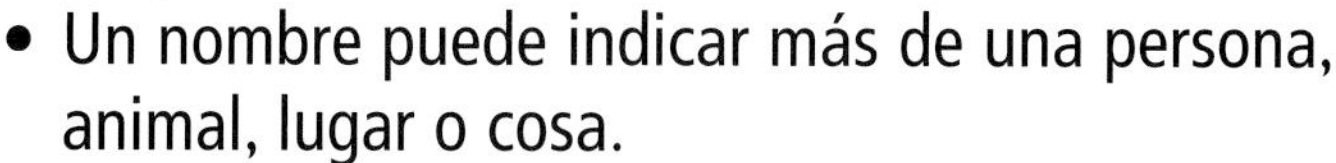

- Un nombre puede indicar más de una persona, animal, lugar o cosa.
- Para indicar más de uno, se agrega una s a los nombres que terminan en vocal.

Escribe cada oración correctamente. Escoge los nombres que indican más de uno.

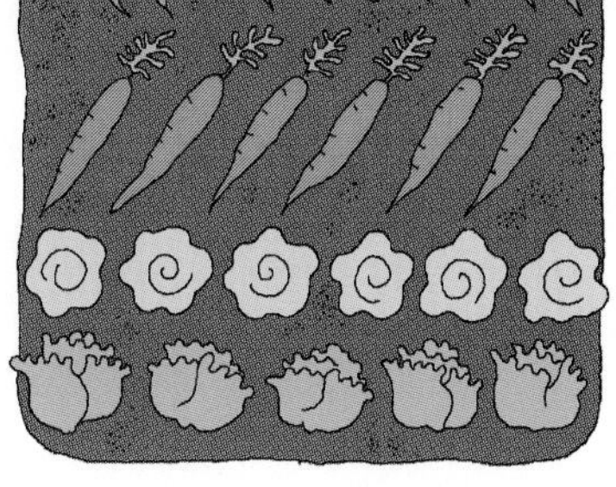

Ejemplo Tenemos dos (huerto, huertos).
Tenemos dos huertos.

1. Ahí crecen muchas (plantas, planta).
2. Una fila tiene (arbusto, arbustos).
3. Otra tiene (calabaza, calabazas).

(págs. 43–44)

4 Nombres masculinos y femeninos

- Los nombres masculinos son los que usan el y un o los y unos.
- Los nombres femeninos son los que usan la y una o las y unas.

Copia cada oración. Subraya el nombre y escribe si es masculino o femenino.

Ejemplo El juego es bueno.
El juego es bueno. masculino

1. La raqueta es ligera.
2. El mango está forrado.
3. Las pelotas son redondas.

(págs. 45–46)

5 Plurales en es

- A los nombres que terminan en consonante se les agrega es para indicar más de uno.

Escribe cada oración con la forma del nombre que indica más de uno.

Ejemplo Los (pintor, pintores) llegaron al parque.
Los pintores llegaron al parque.

1. Sus (pantalón, pantalones) son azules.
2. El parque tiene muchos (farol, faroles).
3. Hay (árboles, árbols) bonitos en el parque.
4. Las (flors, flores) también son muy bonitas.

(págs. 47–48)

 Plurales en z → c + es

- Los nombres terminados en **z** cambian la **z** por **c** y agregan **es** para indicar más de uno.

Escribe cada oración con la forma correcta que indica más de uno.

Ejemplo Las (lombrises, lombrices) no me gustan.
Las lombrices no me gustan.

1. Mis primas son (actrices, actrizes) de teatro.
2. Estudiamos las (raíces, raíses) de unas plantas.
3. Las (luses, luces) de la ciudad se ven bonitas de noche.
4. Nos vamos a vestir con (disfrazes, disfraces).

Práctica adicional

(págs. 49–50)

7 Nombres especiales

- Los nombres de personas, animales, lugares y cosas especiales comienzan con mayúscula.

Escribe cada oración usando una letra mayúscula para comenzar cada nombre especial.

Ejemplo Nos mudamos a la calle fresnos.
Nos mudamos a la calle Fresnos.

1. Vivimos en california.
2. Mi nuevo amigo es luis.
3. Su caballo se llama alazán.

(págs. 51–52)

8 Pronombres

- Un pronombre puede tomar el lugar de un nombre. Él, ella, ellos y ellas son pronombres.

Escoge el pronombre correcto del cuadro para tomar el lugar de la palabra o palabras subrayadas. Escribe cada oración.

Ejemplo Óscar manejó su auto.
Él manejó su auto.

Él	Ellos
Ella	Ellas

1. Celia lo acompañó.
2. Celia y su mamá se despidieron.
3. Óscar y Celia se alejaron.

Verbos

Brinca, ríete y disfruta. ¡Qué divertido!

Gramática

1 Verbos

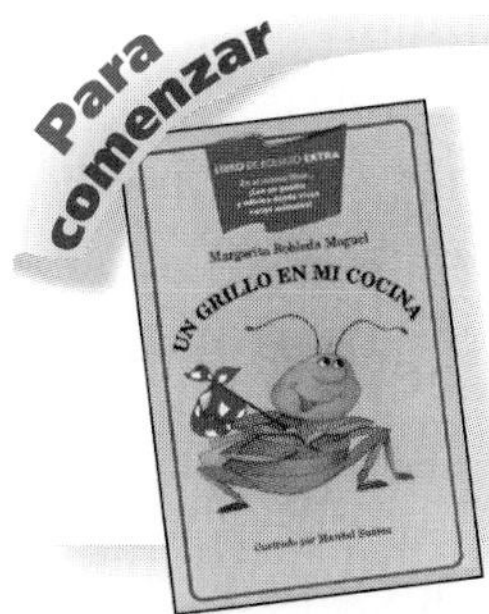

Lee la oración. ¿Qué palabra dice lo que alguien hizo con las orejas?

Paré bien las orejas.

—tomado de Un grillo en mi cocina, de Margarita Robleda Moguel

El **verbo** nombra la acción que alguien o algo hace o hizo. El verbo está en la parte que cuenta de una oración. ¿Cuáles son los verbos en estas oraciones?

Alex **corre** en la playa.   Ella **juega** en la arena.

Inténtalo

En voz alta Di y completa cada oración usando un verbo del cuadro.

nadan escarban navega sopla

1. El viento ______. **3.** Los peces ______.

2. Un barco ______.

Por escrito Ahora escribe cada oración y traza una línea debajo del verbo.

Ejemplo Los niños ______ en la arena.
Los niños escarban en la arena.

Por tu cuenta

Escribe cada oración. Traza una línea debajo del verbo.

Ejemplo Hago una casa de arena. Hago una casa de arena.

1. Yo lleno una cubeta.
2. Yo nado rápido.
3. Yo como mi almuerzo.
4. Los pájaros vuelan por ahí.

5–6. Mira el álbum de fotos de Paco. Escribe el número de cada foto. Junto al número, escribe la oración que habla de la foto. Traza una línea debajo del verbo.

Ejemplo Yo voy a la playa. Yo voy a la playa.

- Las niñas se meten al agua.
- Luis y yo jugamos en la arena.

5.

6.

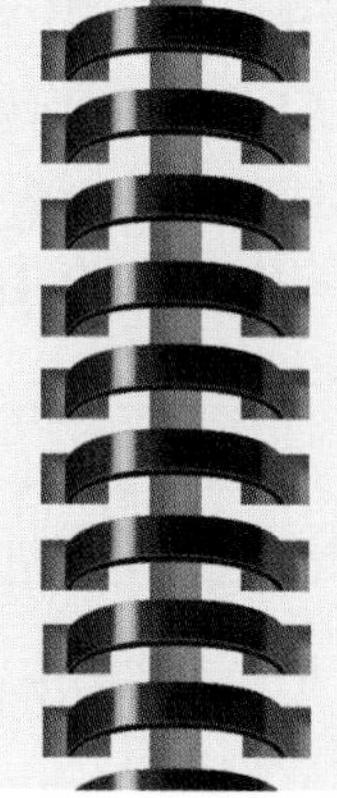

¡Ahora, a escribir!

ESCRIBIR • PENSAR • ESCUCHAR • HABLAR

INFORMAR

Escribe títulos para dibujos

Haz dibujos de ti mismo haciendo distintas cosas. Escribe una oración sobre cada dibujo. Léele tus oraciones a un compañero y pídele que diga cada verbo.

 Práctica adicional: página 87

Gramática

2 Verbos en presente

Para comenzar

¿Qué forma del verbo *aplaudir* completa cada oración?

Yo aplaudo. Tú ______.
Nosotros ______.

Un verbo en **presente** indica una acción que ocurre en el momento en que se habla. Las formas del verbo varían según el verbo y la persona a la que se refiera.

Tiempo presente del verbo *amar*

yo	amo	**nosotros**	amamos
tú	amas	**ustedes**	aman
él/ella	ama	**ellos/ellas**	aman

Inténtalo

En voz alta Escoge el verbo correcto.

1. Las niñas se (columpian, columpia).
2. María (salta, saltan) muy alto.
3. Tú (tomas, toma) agua.

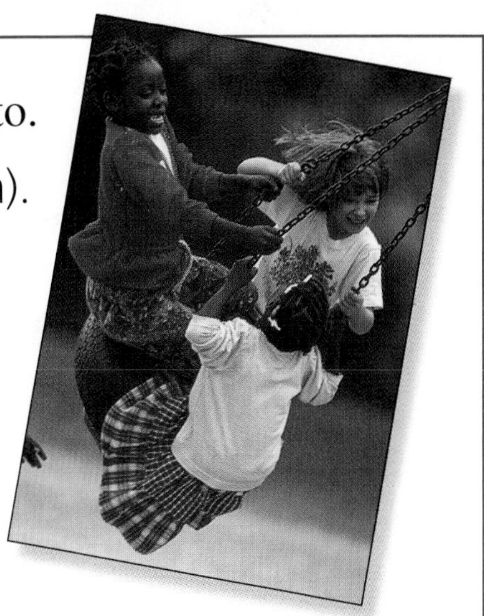

Por escrito Escribe las oraciones.

Ejemplo Pablo (juegas, juega).
Pablo juega.

Por tu cuenta

Escribe la forma correcta del verbo para cada oración.

Ejemplo El perro (persigo, persigue) la pelota.
persigue

Un día en el parque

1. Nosotros (jugamos, juegan) en el parque.
2. María (lanzo, lanza) la pelota al perro.
3. Él (corren, corre) con otro perro.
4. Yo (descansa, descanso) en un banco.

5–8. Ahora copia el título del libro y las oraciones para completar el resumen.

Un día en el parque

El perro persigue la pelota.

____

____

____

____

¡Ahora, a escribir!

ESCRIBIR • PENSAR • ESCUCHAR • HABLAR

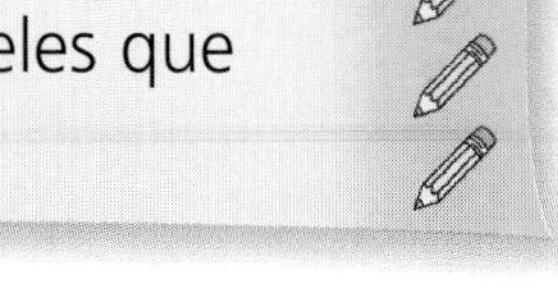

NARRAR

Escribe un resumen

Escribe un relato sobre lo que pasa en un cuento. Usa verbos en presente. Léeles el relato a tus compañeros y pídeles que nombren los verbos en tu resumen.

Práctica adicional: página 87

Gramática

3 Verbos en pretérito

Para comenzar

Inventa una pequeña historia sobre este dibujo. Usa los verbos *llevó, cayeron* y *rompieron.*

Para indicar que una acción ya ocurrió, se usan las formas del tiempo **pretérito** de los verbos.

Tiempo pretérito del verbo *amar*

yo	amé	**nosotros**	amamos
tú	amaste	**ustedes**	amaron
él/ella	amó	**ellos/ellas**	amaron

Inténtalo

En voz alta Escoge el verbo correcto.

1. Ayer (compro, compré) dos canarios.
2. Papá (reparé, reparó) la jaula.
3. Mi mamá la (pintaste, pintó).
4. Nosotros la (colgaron, colgamos) en el jardín.

Por escrito Ahora, escribe cada oración usando el verbo correcto.

Ejemplo Tu pájaro (comió, comiste) muchas semillas.
Tu pájaro comió muchas semillas.

Por tu cuenta

Escribe cada oración con la forma correcta del verbo.

Ejemplo Nosotros (horneaste, horneamos) un pastel de frutas.
Nosotros horneamos un pastel de frutas.

1. Ellos (compraron, compraste) la harina.
2. José (añadieron, añadió) la fruta.
3. Nosotros (comimos, comí) mucho.

4–6. Ayuda a María a corregir esta carta a su abuela. Escoge la forma correcta de los verbos subrayados.

Ejemplo Ayer nosotros <u>cocinaron</u> un pastel.
Ayer nosotros cocinamos un pastel.

Querida abuela:

Ayer mis amigos y yo <u>prepararon</u> un pastel. Juan y Pedro <u>batí</u> los huevos. Mamá nos <u>ayudaron</u> a meter el pastel al horno.

Un abrazo,
María

¡Ahora, a escribir!

ESCRIBIR • PENSAR • ESCUCHAR • HABLAR

NARRAR

Escribe una aventura

Escribe una aventura sobre un niño y unos animales. Usa verbos en pretérito. Léeles tu aventura a tus compañeros y pídeles que hagan una lista de los verbos en pretérito que usaste.

Práctica adicional: página 88

Gramática

4 Verbos en imperfecto

Para comenzar

Lee la oración. ¿Cuáles son los verbos?

La niña se divertía mientras jugaba con el rompecabezas.

Otro tiempo del verbo que se usa para indicar una acción en el pasado es el tiempo **imperfecto**.

Tiempo imperfecto del verbo *amar*

yo	amaba	**nosotros**	amábamos
tú	amabas	**ustedes**	amaban
él/ella	amaba	**ellos/ellas**	amaban

Inténtalo

En voz alta Escoge el verbo correcto.

1. Pedro y yo (caminábamos, caminaba) por la playa.
2. Mi mamá (nadaba, nadaban) muy rápido.
3. Los pelícanos (miraban, miraba) el mar.

Por escrito Ahora escribe las oraciones correctamente.

Ejemplo El pelícano (volaba, volaban) muy bajo.
El pelícano volaba muy bajo.

Por tu cuenta

Escribe cada oración, escogiendo la forma correcta del verbo.

Ejemplo El niño (corría, corrían) en la playa.
El niño corría en la playa.

1. Nosotros (estábamos, estaban) jugando.
2. Max (abría, abrían) una concha de almeja.
3. Ellos (buscábamos, buscaban) más conchas.
4. La almeja (era, eran) de Max.

5–7. Copia las siguientes oraciones, poniendo el verbo en tiempo imperfecto.

Ejemplo Mi familia (acampar) _____ cerca del mar.
Mi familia acampaba cerca del mar.

El pescado (estar) _____ delicioso.
Nosotros (jugar) _____ en la playa.
Ellos (traer) _____ madera para la fogata.

¡Ahora, a escribir!

ESCRIBIR • PENSAR • ESCUCHAR • HABLAR

DESCRIBIR

Describe tus vacaciones

Escribe lo que hacías todos los días en tus últimas vacaciones. Usa verbos en tiempo imperfecto. Luego léeles tu descripción a tus compañeros y pídeles que hagan una lista de todos los verbos en imperfecto.

Práctica adicional: página 88

Gramática

5 Verbos en futuro

Para comenzar

Cloko es un reloj muy adelantado. Mañana competirá en una carrera. Escribe tres oraciones que digan lo que hará. Usa los verbos *empezará, correrá* y *terminará.*

Un verbo en tiempo **futuro** indica que la acción ocurrirá después del momento en que se habla.

Tiempo futuro del verbo *amar*

yo	amaré	**nosotros**	amaremos
tú	amarás	**ustedes**	amarán
él/ella	amará	**ellos/ellas**	amarán

Inténtalo

En voz alta Lee cada oración, escogiendo el verbo correcto.

1. Pablo (irá, iré) a la granja de mi abuelo.
2. Yo (llevarás, llevaré) a mi perro.
3. Mis gatitos (jugarán, jugaremos) en el granero.
4. Todos (comerá, comeremos) con mi abuelo.

Por escrito Ahora, escribe las oraciones correctamente.

Ejemplo Mañana Pablo (comerás, comerá) pastel.
Mañana Pablo comerá pastel.

Por tu cuenta

Escribe cada oración con la forma correcta del verbo.

Ejemplo Yo (correrás, correré) en la carrera.
Yo correré en la carrera.

1. Miguel y Manuel (correremos, correrán).
2. El entrenador (estarán, estará) allí.

3–5. Los tres verbos subrayados en este artículo están incorrectos. Corrige el artículo usando verbos en futuro.

Ejemplo Susi llegó a la ciudad mañana.
Susi llegará a la ciudad mañana.

Corrige

Gran carrera en la escuela

Muchos alumnos competirá mañana en la gran carrera. Alumnos de otras escuelas vendrán. La favorita serás Susi. ¡Ella ganaré la carrera para nuestra escuela!

¡Ahora, a escribir!

ESCRIBIR • PENSAR • ESCUCHAR • HABLAR

INFORMAR

Escribe un artículo de deportes

Escribe un artículo sobre una carrera de animales que va a ocurrir mañana en el zoológico. Usa verbos en tiempo futuro. Léeles el artículo a tus compañeros y pídeles que comprueben que usaste los verbos en futuro correctamente.

Práctica adicional: página 89

Gramática / Uso

6 Verbos irregulares

Para comenzar

Lee la oración. ¿Qué palabra dice lo que hizo el sapo? ¿De qué verbo viene?

> Y el sapo se puso el rabo de gato.
>
> —tomado de Rabo de gato, de Mary França y Eliardo França

Algunos verbos tienen formas que no siguen las reglas normales. Estos verbos se llaman verbos irregulares. Es importante aprender las formas irregulares de los verbos.

Incorrecto Yo **jugo** a la pelota

Correcto Yo **juego** a la pelota.

Inténtalo

En voz alta Lee cada oración, escogiendo la forma correcta del verbo irregular.

1. Lilí (sembra, siembra) semillas.
2. Las flores (olen, huelen) bien.
3. Yo no (quepo, cabo) en este espacio.
4. Ella (vuelverá, volverá) al jardín mañana.

Por escrito Ahora, escribe cada oración con el verbo correcto.

Ejemplo Esa campana (suena, sona) todo el día.
Esa campana suena todo el día.

Por tu cuenta

Escoge la forma correcta del verbo irregular.

Ejemplo (Oyo, Oigo) un pájaro en el jardín.
Oigo un pájaro en el jardín.

1. Ayer (andé, anduve) buscando un disco.
2. Me (pongo, pono) alegre cuando oigo esa música.

3–6. Este artículo tiene cuatro errores subrayados. Corrige los verbos y escribe el artículo.

Ejemplo Me decieron que hay una función de payasos.
Me dijeron que hay una función de payasos.

Corrige

Gran función de payasos

Mucha gente hació fila para entrar a la función, y todos cabieron en las gradas. Los payasos andaron entre el público, contando chistes. Espero que volvan pronto.

¡Ahora, a escribir!

ESCRIBIR • PENSAR • ESCUCHAR • HABLAR

DESCRIBIR

Escribe un párrafo

Escribe un párrafo describiendo un espectáculo que hayas visto. Usa verbos irregulares como tener, dar y hacer. Reúnete con unos compañeros para comprobar que los verbos de sus artículos estén correctos.

 Práctica adicional: página 89

Combinar oraciones

Unir partes que cuentan Para hacer una oración más larga puedes unir dos oraciones que tengan la misma parte que nombra. Escribe la parte que nombra. Luego, escribe las dos **partes que cuentan** y únelas con y.

Nosostros **salimos de paseo.**

Nosostros **buscamos plantas.**

Nosostros **salimos de paseo** y **buscamos plantas.**

Inténtalo

En voz alta/Por escrito Lee las dos oraciones que están junto a cada número. Une sus partes que cuentan con y. Luego di la nueva oración más larga y escríbela.

Ejemplo Ellos tomaron papel. Ellos dibujaron plantas.
Ellos tomaron papel y dibujaron plantas.

1. Ana vio flores.
   Ana olió una.

2. Yo dibujé un helecho.
   Yo lo coloreé.

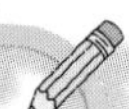

Estrategias para revisar continuación

Aplícalo

1–9. Lee este informe de ciencias. Copia cada par de oraciones subrayadas y encierra en círculos las partes que cuentan. Luego únelas con y para hacer una oración más larga. Escribe cada oración nueva.

Ejemplo La luz da energía a las plantas. La luz las ayuda a crecer.

La luz (da energía a las plantas.) La luz (las ayuda a crecer.)

La luz da energía a las plantas y las ayuda a crecer.

Revisa

Sasha y yo hicimos una prueba. Sasha puso su planta en una caja. Sasha la tapó. Yo dejé mi planta fuera de la caja. Nosotras regamos nuestras plantas. Nosotras las observamos todos los días. En una semana, nuestras plantas se veían distintas. Mi planta estaba sana. La planta de Sasha estaba decaída. La planta de Sasha tenía las hojas secas.

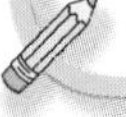

Prueba: Unidad 3

Verbos (página 65)

Escribe las oraciones y subraya cada verbo.

1. Las hojas caen de los árboles.
2. Los niños saltan sobre las hojas.

Verbos en presente (página 67)

Escribe cada oración con el verbo correcto.

3. Los niños (agarra, agarran) la pelota.
4. Ana (lanzas, lanza) la pelota.
5. Ernesto y yo (batean, bateamos).

Verbos en pretérito (página 69)

Escribe cada oración con el verbo correcto.

6. Sofía (levantó, levantaste) la bola.
7. Él se (columpiamos, columpió).

Verbos en imperfecto (página 71)

Escribe cada oración con la forma correcta del verbo.

8. El gato (maullaba, maullaban) anoche.
9. Nosotros (miraba, mirábamos) la luna.
10. Se (veían, veíamos) algunas estrellas.

Verbos en futuro (página 73)

Escribe cada oración con la forma correcta del verbo en futuro.

11. Mañana mi papá (abonará, abona) las plantas.

12. Mi hermana (limpia, limpiará) las macetas.

13. Mi mamá (sembrarán, sembrará) flores nuevas.

14. Mi hermano y yo (regaré, regaremos) todo el jardín.

15. No nos (olvidaron, olvidaremos) de los árboles frutales.

16. Yo (recogerá, recogeré) la fruta.

17. Tú (comeraste, comerás) mucho, como siempre.

Verbos irregulares (página 75)

Escribe cada oración con la forma correcta del verbo.

18. Luisa (estó, estuvo) aquí.

19. Ella (vuelve, volve) de la feria.

20. Pepe le (puso, ponió) la silla a su poni.

21. Pepe (hizo, hació) un truco con su poni.

22. Le (dieron, daron) un premio a su poni.

Repaso mixto

23–28. Vuelve a escribir la carta correctamente, pero antes encuentra los seis errores en los verbos y corrígelos.

Lista de control: Corregir

- ✔ ¿Indica el tiempo de los verbos cuándo ocurrió la acción?
- ✔ ¿Comprobaste que los verbos irregulares están bien conjugados?
- ✔ ¿Usaste la forma debida según la persona?

Ejemplo Los caracoles se movía lentamente.
Los caracoles se movían lentamente.

Corrige

Querido Julio:

El tío Max me regaló un caracol. Le poní Rapidín. Rapidín viven en un tazón de vidrio. No se move mucho. ¡Mi tío Max también tene un caracol! Anoche los dos caracoles hacieron una carrera. Los dos se arrastraron en nuestra pista de carreras. Rapidín fue el mejor. Avanzó veinte pulgadas. Rapidín se gané un listoncito azul. ¡Ya quiero que sea la próxima carrera!

Isabel

Examen de práctica

Escribe los números del 1 al 6 en una hoja de papel. Lee cada oración. Escoge la palabra mejor para el espacio en blanco. Escribe la letra de la respuesta correcta.

1 Pedro _____ su casa la semana pasada.

- **A** pintó
- **B** pinta
- **C** pintará
- **D** pintando

2 Marcos siempre _____ los platos.

- **F** lavado
- **G** lavaré
- **H** lava
- **J** lavando

3 Patricia _____ detrás de la pelota.

- **A** corrido
- **B** correr
- **C** corriendo
- **D** corría

4 Ayer, Saúl _____ un pulpo en el acuario.

- **F** vio
- **G** verá
- **H** viendo
- **J** visto

5 Mañana, mi papá me _____ a la feria.

- **A** llevaba
- **B** lleva
- **C** llevará
- **D** llevado

6 Mi tía Olga _____ el próximo lunes a Francia.

- **F** partido
- **G** partirá
- **H** partía
- **J** partiendo

Examen de práctica continuación

Ahora escribe los números del 7 al 12 en tu hoja. Lee cada oración. Escoge la palabra mejor para el espacio en blanco. Escribe la letra de la respuesta correcta.

7 Los muchachos _____ al supermercado ayer.

A yendo
B ido
C ir
D fueron

8 Mamá nos _____ que era hora de salir.

F decio
G dijo
H dició
J dijió

9 Elisa me _____ que abriera la puerta.

A pedió
B pido
C pidió
D perdido

10 Marta no _____ su tarea todavía.

F hizo
G hecho
H hacerá
J hacido

11 Mañana me _____ mi vestido nuevo.

A poneré
B puse
C ponía
D pondré

12 Yo no _____ en este asiento.

F cabo
G cupí
H quepo
J cambo

Unidad 1: La oración

¿Qué es una oración? (páginas 7–8)

Forma oraciones uniendo las palabras del cuadro **A** con las palabras del cuadro **B**. Escribe las oraciones.

A	B
1. El sol	come una hoja.
2. El gusano	cantan en un árbol.
3. Papá	brilla.
4. Las pájaros	riega el jardín.

Parte que nombra/Parte que cuenta (páginas 9–12)

Escribe cada oración. Añade tu propia parte que nombra o parte que cuenta para completarla.

5. La niña _____.
6. _____ sabe rico.

¿Es una oración? (páginas 13–14)

Escribe la oración completa de cada par.

7. ¡La carta fue una sorpresa!
   Una carta de Josefina.
8. Divertida de leer.
   Yo la contesté.

¿Qué tipo de oración? (páginas 17–24)

Escribe cada oración. Añade los signos correctos. ¿Es declaración, pregunta, mandato o exclamación?

9. Qué te gusta del circo
10. Cállense, niños
11. Veo a los monos
12. Qué bello es

Unidad 2: Nombres y pronombres

Nombres (páginas 35–38)

Escribe las oraciones. Subraya cada nombre.

13. ¿Estaba lejos el lago?
14. Una mosca zumbaba.

Singular y plural (páginas 39–40, 45–48)

Escribe cada nombre en plural.

15. pulgada
16. mujer
17. pez
18. reloj

Masculino y femenino (páginas 43–44)

Añade el o la delante de cada nombre.

19. _____ bicicleta de Jaime es azul.
20. Dame _____ mano, mi amigo.
21. Me gusta montar por _____ parque.
22. _____ camino es muy ancho.

Nombres especiales (páginas 49–50)

Escribe cada oración correctamente. Escribe con mayúscula la primera letra de los nombres especiales.

23. Extraño a mi amigo ricardo.
24. Se mudó a denver.

Pronombres (páginas 51–52)

Escribe cada oración con un pronombre en lugar de las palabras subrayadas.

25. Carlos golpeó la pelota.
26. Pepe y yo corrimos tras ella.

Unidad 3: Verbos

Verbos (páginas 65–66)

Escribe las oraciones. Subraya los verbos.

27. Anita se esconde.
28. Elena la encuentra.

Presente, pasado y futuro (páginas 67–74)

Escribe cada oración usando el verbo correcto.

29. Ayer los payasos (treparon, treparán) unos sobre otros.
30. Mañana (pasaron, pasarán) por aquí otra vez.
31. Siempre me (divertirán, divertían) cuando era niña.

Verbos irregulares (páginas 75–76)

Escribe cada oración con el verbo correcto.

32. Él (sueña, soña) contigo.
33. Yo (tengo, teno) un pato.
34. No me (cabió, cupo) la palabra aquí.

Práctica adicional

(págs. 65–66)

Recuerda

 **Verbos**

- Un verbo nombra una acción que alguien hace o hizo.

Escribe la oración con el verbo correcto del cuadro.

aplaude	suenan	canta	toca

Ejemplo La banda _____ música.
La banda toca música.

1. Una niña _____ una canción.
2. Dos niños _____ sus cornetas.
3. El público _____.

(págs. 67–68)

 **Verbos en presente**

- Un verbo en presente indica una acción que ocurre en el momento en que se habla. Las formas varían según la persona y el verbo.

Escribe cada oración usando la forma correcta del verbo en presente.

Ejemplo Gloria _____ la ropa. (lavar)
Gloria lava la ropa.

1. Los niños _____ en su auto. (viajar)
2. El oso _____ miel. (comer)
3. Nosotros _____ junto al parque. (vivir)

(págs. 69–70)

3 Verbos en pretérito

Recuerda

- Para indicar que una acción ya ocurrió, se usan las formas del tiempo pretérito de los verbos.

Escribe cada oración con la forma correcta del verbo.

Ejemplo Ellos (bailamos, bailaron) toda la noche.
Ellos bailaron toda la noche.

1. Yo (cumplí, cumplieron) años ayer.
2. Ana y María (hicimos, hicieron) el pastel.
3. El muchacho (saltaron, saltó) de alegría.
4. Pedro y yo (comimos, comieron) dulces de la piñata.

(págs. 71–72)

 Verbos en imperfecto

- El imperfecto es otro tiempo del verbo. Se usa para indicar que una acción ocurría en el pasado.

Escribe cada oración con la forma correcta del verbo.

Ejemplo Yo (escribía, escribías) una carta cuando sonó el teléfono.
Yo escribía una carta cuando sonó el teléfono.

1. Nosotros (veníamos, venían) a ver a los elefantes.
2. Uno (llorabas, lloraba) cuando lo bañaban.
3. Pablo y José (comían, comía) cacahuates.
4. Tú (llegarás, llegabas) cuando yo me iba.

(págs. 73–74)

Verbos en futuro

- El verbo en futuro indica que una acción ocurrirá después del momento en que se habla.

Cada oración está en tiempo presente. Vuelve a escribir la oración en futuro.

Ejemplo Juan **escucha** la radio.
Juan escuchará la radio.

1. Las ranas **saltan** en el estanque.
2. Alberto **limpia** la casa.
3. Tú **corres** en el parque.

(págs. 75–76)

6 Verbos irregulares

- Los verbos irregulares no siguen las reglas normales de conjugación. Hay que aprender las formas irregulares.

Los verbos subrayados están incorrectos. Escribe la oración con la forma correcta del verbo.

Example Yo <u>andé</u> por la finca de mi tía.
Yo anduve por la finca de mi tía.

1. Ella <u>tenerá</u> dos tractores muy pronto.
2. Yo <u>pono</u> un tractor de juguete en la tierra.
3. Yo <u>movo</u> mi tractor de un lado para otro.
4. <u>Jugo</u> horas y horas con mi tractor.

Adjetivos

Este tigre es grande, peludo ¡y mojado!

Gramática

1 Adjetivos

Para comenzar

Juega a "¿Veo, veo, qué veo?". Piensa en una cosa y descríbela. Pide a tus compañeros que adivinen qué cosa es. Tomen turnos.

¿Veo, veo, qué veo? Veo algo redondo.

Las palabras que describen a una persona, animal o cosa se llaman **adjetivos**. Los adjetivos indican color, sabor, tamaño, cantidad y mucho más. Usa los adjetivos del cuadro para formar oraciones.

Color	Sabor	Tamaño	Cantidad
verde gris	dulce agrio	grande chico	tres muchos

Inténtalo

En voz alta Di cada oración completándola con un adjetivo del cuadro.

1. Pablo tiene _____ gatitos. **(cuántos)**
2. Uno de ellos es _____. **(color)**
3. El gatito es muy _____. **(tamaño)**

Por escrito Ahora escribe las oraciones que dijiste.

Ejemplo Pelusa tiene una cinta _____. **(color)**
Pelusa tiene una cinta verde.

Por tu cuenta

Termina cada oración usando un adjetivo del dibujo. Escribe la oración.

grande
dulce
azul

Ejemplo La fruta es _____. **(color)**
La fruta es azul.

1. La fruta sabe _____. **(sabor)**
2. La fruta es _____. **(tamaño)**

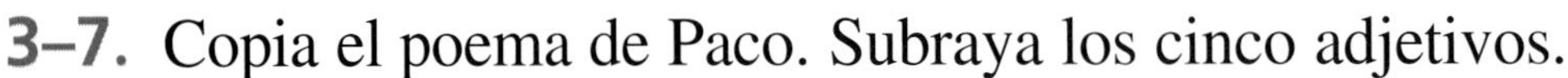

3–7. Copia el poema de Paco. Subraya los cinco adjetivos.

Ejemplo Los insectos son pequeños. Los insectos son pequeños.

Catarinas

Dos catarinas llegaron aquí.
Sus puntos negros resaltan así.
Son redonditas y muy bonitas.
Más que nada, son chiquititas.

¡Ahora, a escribir!

ESCRIBIR • PENSAR • ESCUCHAR • HABLAR

DESCRIBIR

Escribe un poema

Usa adjetivos que indiquen tamaño, forma, color y número. Trata de que tus oraciones rimen. Lee tu poema y pídele a un compañero que nombre los adjectivos.

Práctica adicional: página 109

Gramática

2 Adjetivos y nombres

Para comenzar

Lee estas oraciones. ¿Qué palabras describen al cerdo?

No era un cerdo muy sucio. Pero sí era perezoso. Y muy glotón.

—tomado de Camilón, comilón, de Ana María Machado

Los adjetivos cambian según si describen un nombre masculino o femenino, o si describen una cosa o muchas.

	Singular	**Plural**
Masculino	rojo	rojos
Femenino	roja	rojas

El adjetivo debe estar de acuerdo con el nombre.

Correcto: Las **casas** son **bonitas**.
Incorrecto: Las casas son bonito.

Inténtalo

En voz alta Di cada oración escogiendo el adjetivo correcto del cuadro.

1. Mi gato es _____.
2. Mi gata es _____.

linda	suaves
blancas	gordo

Por escrito Ahora, escribe las oraciones.

Ejemplo Tienen las patas _____. Tienen las patas blancas.

Por tu cuenta

Escribe cada oración escogiendo el adjetivo correcto del cuadro.

contento	alto
caliente	fría

Ejemplo El sol está ____.
El sol está caliente.

1. Mi gato da un maullido ____.
2. Voy a darle agua ____.
3. Mi gato está ____.

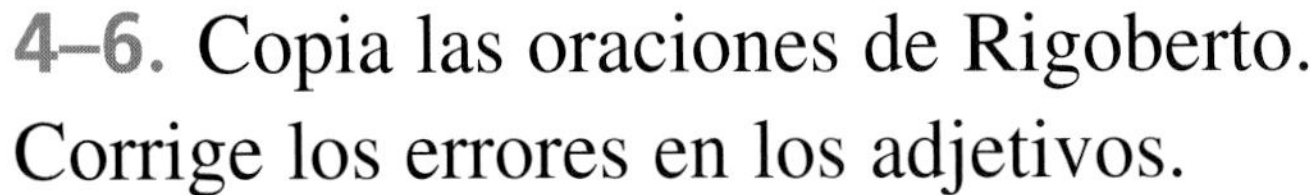

4–6. Copia las oraciones de Rigoberto. Corrige los errores en los adjetivos.

Ejemplo Fui de compras a una tienda grandes.
Fui de compras a una tienda grande.

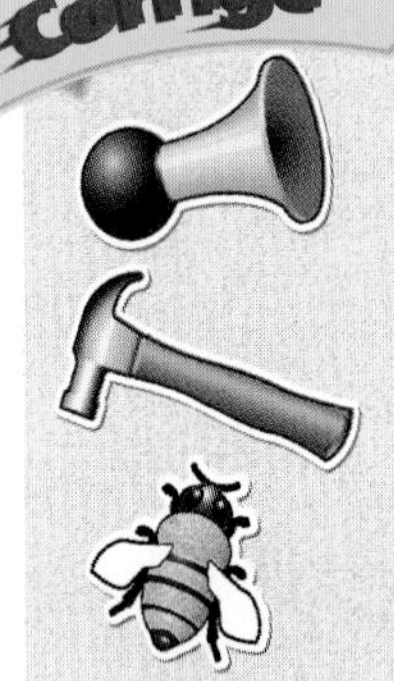

4. Compré un pito nueva para mi bici.

5. Mami compró un martillo pesados.

6. Compramos una miel muy dulces.

¡Ahora, a escribir!

ESCRIBIR • PENSAR • ESCUCHAR • HABLAR

CREAR

Escribe una lista de mandados

Pueden ser mandados de verdad o mandados chistosos. Describe cada cosa con un adjetivo. Reúnete con un grupo de compañeros para leer sus listas. ¿Cuáles fueron los mandados más chistosos?

Práctica adicional: página 109

3 Adjetivos posesivos

Para comenzar

Carlos encontró algo en su patio.

¿Qué palabra dice de quién es el patio?
¿Qué palabra dice de quién es el ancla?

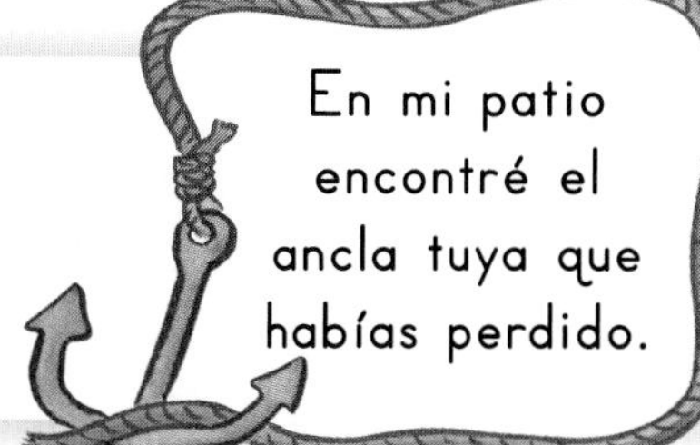

Los adjetivos que dicen a quién le pertenece algo se llaman **adjetivos posesivos**. Tienen distintas formas según si aparecen antes o después del nombre.

	Antes del nombre	**Después del nombre**
yo	mi	mío
tú	tu	tuyo
él/ella/usted	su	suyo
nosotros	nuestro	nuestro
ellos/ellas/ustedes	su	suyo

Inténtalo

En voz alta Di cuál es el adjetivo posesivo.

1. Mi mamá nos hace maíz.
2. El maíz suyo es el mejor.

Por escrito Ahora, copia cada oración y subraya el adjetivo posesivo.

Ejemplo Jugamos en tu casa. Jugamos en <u>tu</u> casa.

Por tu cuenta

Escribe cada oración con el adjetivo correcto.

Ejemplo Salí con (mis, mi) abuelo.

Salí con mi abuelo.

1. La comida (su, suya) es muy rica.
2. ¿Sales tú con (tuyo, tu) abuelo?

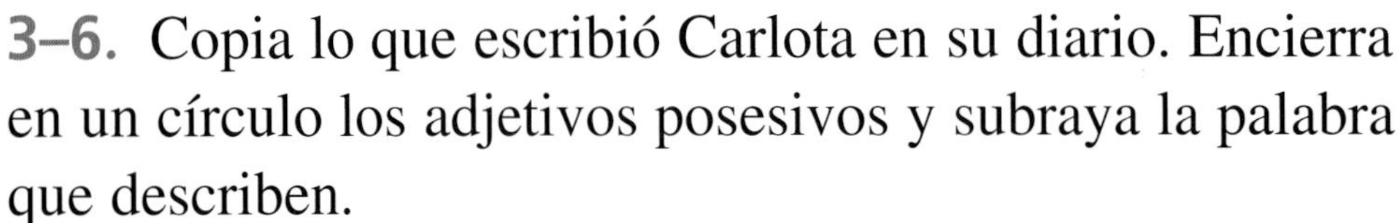

3–6. Copia lo que escribió Carlota en su diario. Encierra en un círculo los adjetivos posesivos y subraya la palabra que describen.

Ejemplo ¡Mira mi jardín!

¡Mira (mi) <u>jardín</u>!

Me encantan mis rosas.
Las rosas mías son bellas.
Me gusta su color rosado.
¡El perfume suyo es tan dulce!

¡Ahora, a escribir!

ESCRIBIR • PENSAR • ESCUCHAR • HABLAR

CREAR

Escribe una anotación de diario

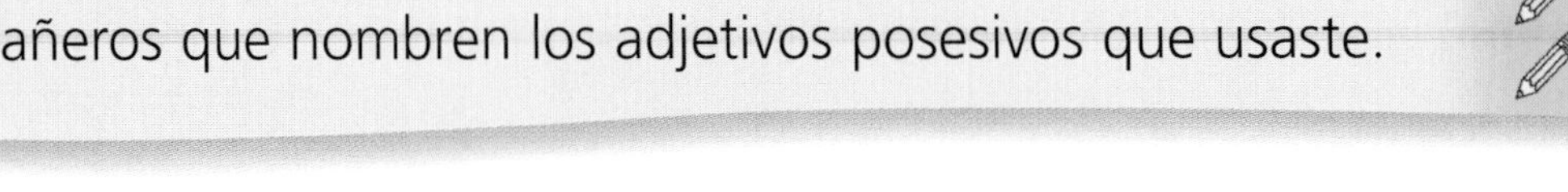

Escribe sobre una de tus cosas preferidas. Usa adjetivos posesivos. Lee tu anotación en clase. Pídeles a tus compañeros que nombren los adjetivos posesivos que usaste.

 Práctica adicional: página 110

Gramática

4 Artículos

Para comenzar

Lee las siguientes oraciones. Busca los nombres. ¿Qué palabras van delante de cada nombre?

> Había entre los ratones que allí nacieron después
> una ratica más linda que la rosa y que el clavel.
>
> —tomado de La ratoncita presumida, de Aquiles Nazoa

Los **artículos** se usan antes de los nombres. Hay dos tipos de artículos: **definidos** e **indefinidos**. Igual que los adjetivos, los artículos pueden tener distintas formas.

Definidos: el, la, los, las

Indefinidos: un, una, unos, unas

Los artículos deben estar de acuerdo con el nombre.

Correcto: Hice una casa.
Incorrecto: Hice un casa.

Inténtalo

En voz alta Escoge el artículo correcto.

1. Hicimos (un, una) pastel.
2. (El, La) pastel era de manzana.

Por escrito Ahora, escribe las oraciones.

Ejemplo ¿Quieres (un, uno) pedazo? ¿Quieres un pedazo?

Por tu cuenta

Escribe cada oración con el artículo correcto.

Ejemplo (La, Lo) tienda tiene una venta.
La tienda tiene una venta.

1. Luis compró (una, un) avión.
2. Ana quería (el, la) osito.
3. (Los, Las) precios eran muy bajos.

4–6. Corrige los artículos en el anuncio de Pepe. Escribe el anuncio correctamente.

Ejemplo Los cosas están muy baratas.
Las cosas están muy baratas.

¡GRAN VENTA!

Tenemos una paraguas azul.
También hay un bicicleta casi nueva.
¡Llévese la osito gratis!

¡Ahora, a escribir!

ESCRIBIR • PENSAR • ESCUCHAR • HABLAR

PERSUADIR

Escribe un anuncio

Anuncia una gran venta. Informa al público de lo que puede esperar. Trata de convencer a la gente para que venga. Léeles tu anuncio a tus compañeros. ¿Los convenciste?

Práctica adicional: página 110

Gramática / Uso

5 Al y del

Para comenzar

¿Qué palabras se juntaron para formar las palabras subrayadas?

Del árbol bajaron en fila
todos a buscar comida.
Al gusano verde le gusta
la manzana y la sandía.

Cuando el artículo **el** va después de la palabra **a**, hay que formar la palabra **al**.

Incorrecto: Voy a ir a el partido de fútbol. **a + el → al**
Correcto: Voy a ir **al** partido de fútbol.

De igual manera, cuando el artículo **el** va después de la palabra **de**, hay que formar la palabra **del**.

Incorrecto: Los peces vienen de el mar. **de + el → del**
Correcto: Los peces vienen **del** mar.

Inténtalo

En voz alta Di cada oración formando **al** o **del**.

1. Hoy iremos a + el parque.
2. Los helados de + el parque son ricos.

Por escrito Ahora, escribe cada oración.

Ejemplo Vi a + el señor de los globos.
Vi al señor de los globos.

Por tu cuenta

Escribe cada oración formando la palabra correcta.

Ejemplo Esta piedra es de + el río. Esta piedra es del río.

1. Es el perro de + el vecino.
2. Quiere entrar a + el zoológico.

3–6. Corrige estos apuntes de Miguel. Él no ha formado **al** y **del** cuando debía. Escribe sus apuntes correctamente.

Ejemplo Los peces de el estanque son carpas.
Los peces del estanque son carpas.

DATOS DE ANIMALES

La jirafa está adaptada a el bosque.
El guepardo es el animal más veloz de el mundo.
A el camello, no hay quien le gane en resistencia.
El tiburón es el más temido de el mar.

¡Ahora, a escribir!

ESCRIBIR • PENSAR • ESCUCHAR • HABLAR

COMPARAR

Escribe datos sobre animales

¿Cuáles son tus dos animales preferidos? Busca información sobre ellos y compáralos. ¿Qué tienen en común? ¿En qué se diferencian? Haz dibujos de los animales que escogiste y preséntalos cuando leas tu comparación en clase.

Práctica adicional: página 111

Combinar oraciones: Adjetivos

Unir oraciones con adjetivos A veces escribes dos oraciones con **adjetivos** que describen al mismo nombre. Une las dos oraciones usando la palabra y entre los dos adjetivos. Esto hará que tu escrito suene mejor.

La lagartija es **grande.**

La lagartija es **verde.**

La lagartija es **grande** y **verde.**

Inténtalo

En voz alta/Por escrito Lee las dos oraciones que aparecen debajo de la ilustración. Únelas con la palabra y entre los dos adjetivos. Escribe la nueva oración.

Ejemplo Un ratón es pequeño. Un ratón es peludo.
Un ratón es pequeño y peludo.

1.

La caguama es grande.

La caguama es fuerte.

2.

El manatí es gordo.

El manatí es amistoso.

Estrategias para revisar continuación

Aplícalo

1–3. Lee esta parte de un informe sobre una excursión al zoológico. Copia las oraciones subrayadas y encierra en un círculo los dos adjetivos. Une las dos oraciones con la palabra y entre los dos adjetivos. Después escribe la oración nueva.

Ejemplo Vimos animales que eran grandes.
Vimos animales que eran feroces.
Vimos animales que eran grandes y feroces.

Revisa

Vimos una leona hermosa. Vimos una leona orgullosa. La leona estaba con sus cachorros.

4–6. Ahora lee el resto del informe. Copia las oraciones subrayadas y encierra en un círculo los dos adjetivos. Une las dos oraciones empleando la palabra y entre los dos adjetivos. Luego, escribe la oración nueva.

Revisa

Una leona enorme caminaba entre el pasto alto. Su fuerte rugido se escuchó lejos. Su rugido fue feroz. Luego, la leona fue con su cachorro.

Adjetivos (página 91)

Usa el adjetivo correcto del cuadro para completar cada oración. Consulta las palabras que están entre paréntesis ( ) para ayudarte. Escribe las oraciones.

1. Hay ____ pollitos. **(cuántos)**
2. Viven en un nido ____. **(forma)**
3. Son muy ____. **(tamaño)**
4. Sus plumas son ____. **(color)**

redondo cuatro amarillas pequeños

Adjetivos y nombres (página 93)

Escribe cada oración con la forma correcta del adjetivo entre paréntesis ( ).

5. El queso es ____. (rico, rica)
6. El ratón es ____. (blancos, blanco)
7. Los grillos son ____. (verde, verdes)
8. El sapo es ____. (gorda, gordo)
9. Las uvas son ____. (rojos, rojas)
10. La abeja es ____. (pequeño, pequeña)

Adjetivos posesivos (página 95)

Escoge el adjetivo posesivo correcto del cuadro. Escribe cada oración con el adjetivo correcto.

tus
suyo
mi
tuya

11. El coche es de _____ papá.

12. Éste es el libro _____.

13. Préstame la bicicleta _____.

14. Tú vas a ir con _____ padres.

Artículos (página 97)

Escribe cada oración escogiendo el artículo correcto del paréntesis ( ).

15. Éstos son (uno, unos) animales.

16. La gallina y la vaca viven en (un, una) granja.

17. (El, La) cabra tiene una campana.

18. (Los, Las) pollitos comen todo el día.

Al y del (página 99)

Escribe cada oración formando la palabra correcta.

19. Julita es la más alta <u>de + el</u> salón.

20. Me gusta mucho ir <u>a + el</u> mar.

21. Vivo cerca <u>de + el</u> océano.

Repaso mixto

22–31. En la siguiente adivinanza hay 10 errores en el uso de los artículos y adjetivos. Encuentra los errores y escribe la adivinanza correctamente.

Lista de control: Corregir

- ✔ ¿Están de acuerdo los adjetivos con el nombre que describen?
- ✔ ¿Usaste la forma correcta de los adjetivos posesivos según si aparecen antes o después del nombre?
- ✔ ¿Usaste la forma correcta de los artículos?
- ✔ ¿Escribiste siempre al en vez de a el y del en vez de de el?

Ejemplo No soy una pez.
No soy un pez.

Soy una animal.

Soy el animal más grande de el mundo.

Peso más que el elefante más gordos.

Soy más larga que una autobús.

Vivo en agua salado.

Si me sacan de el mar me muero.

No le tengo miedo a el tiburón.

Respiro por la hueco que tengo en mía gran cabeza.

Como pequeñas plantitas de el mar.

¿Quién soy?

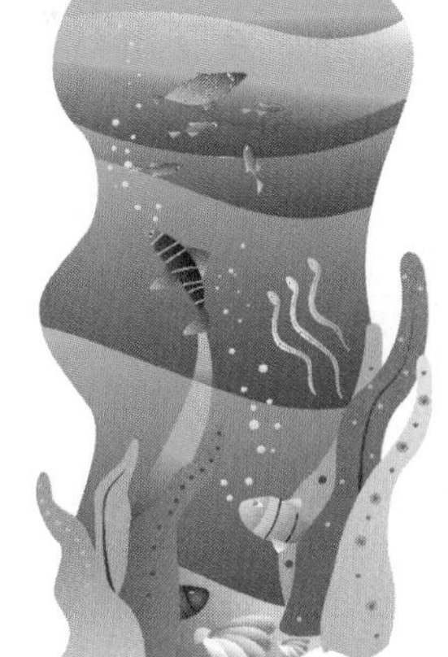

Respuesta: Soy una ballena azul.

 Examen de práctica

Escribe los números del 1 al 6 en una hoja de papel. Lee las oraciones. Escoge la mejor palabra o grupo de palabras para el espacio en blanco. Escribe la letra de la respuesta correcta.

1 Los _____ de Berta son los peces.

A animal preferido
B animales preferidos
C animal preferidos
D animales preferido

2 El pez amarillo es _____ de todos.

F la más bonita
G el más bonito
H la más bonito
J el más bonita

3 El gatito gris es _____.

A muy juguetones
B muy juguetona
C muy juguetonas
D muy juguetón

4 El niño dijo que la galleta estaba _____.

F rica
G ricos
H ricas
J rico

5 El perico era _____ de todos.

A la más ruidosa
B el más ruidosa
C la más ruidoso
D el más ruidoso

6 ¡Qué ciudad tan _____!

F bello
G bellas
H bella
J bellos

Examen de práctica continuación

Ahora escribe los números del 7 al 12 en tu hoja. Lee las oraciones. Escoge la mejor palabra o grupo de palabras para el espacio en blanco. Escribe la letra de la respuesta correcta.

7 Ramiro y Marisol fueron _____ zoológico.

A a él
B al
C de el
D a el

8 Una jirafa es más alta que _____ león.

F uno
G la
H un
J los

9 Marisol compró _____ helado allí.

A suyo
B suya
C sus
D su

10 _____ osa se está bañando.

F La
G Un
H El
J Lo

11 El cuidador le lleva la comida _____ tigre.

A a él
B al
C a el
D de el

12 _____ también irá al zoológico mañana.

F Tuya clase
G Suya clase
H Tu clase
J Mía clase

Examen de práctica continuación

Ahora escribe los números 13 y 14 en tu hoja. Lee el párrafo y busca las partes subrayadas y numeradas. Estas partes pueden ser:

- oraciones incompletas
- oraciones correctas que se deben combinar
- oraciones correctas

Escoge la mejor manera de escribir cada parte subrayada. Escribe la letra de la respuesta correcta. Si las partes subrayadas están bien, escribe la letra de "Oraciones correctas".

Mi familia y yo fuimos a la playa. (13) El agua era fría. El agua era salada. Andrés se metió corriendo y nos salpicó. Luego jugamos en la arena y buscamos conchas. Encontramos unas conchas muy bonitas. (14) Por la tarde comimos. Bajo unas palmas.

13
- **A** El agua era fría. También salada.
- **B** El agua era fría. El agua salada.
- **C** El agua era fría y salada.
- **D** Oraciones correctas

14
- **F** Por la tarde comimos bajo unas palmas.
- **G** Por la tarde. Comimos bajo unas palmas.
- **H** ¿Por la tarde comimos bajo unas palmas?
- **J** Oraciones correctas

Práctica adicional

(págs. 91–92)

1 Adjetivos

- Los adjetivos describen a una persona, animal o cosa.
- Los adjetivos indican tamaño, color, forma, cantidad, sabor y muchas otras cualidades.

Escribe cada oración usando un adjetivo del cuadro. Consulta la palabra entre paréntesis ( ) para ayudarte.

grande	azul
redondas	dos

Ejemplo Hoy compré _____ coches en la tienda. **(cuántos)**
Hoy compré dos coches en la tienda.

1. Las llantas son _____. **(forma)**
2. Tenemos un coche _____. **(tamaño)**
3. El coche más grande es _____. **(color)**

(págs. 93–94)

Recuerda

2 Adjetivos y nombres

- Los adjetivos pueden tener distintas formas si describen un nombre masculino o femenino, o si describen una cosa o más de una.
- El adjetivo debe estar de acuerdo con el nombre al que describe.

Escribe cada oración con el adjetivo correcto.

Ejemplo Los coches son _____. (rápidas, rápidos)
Los coches son rápidos.

1. El gusano es _____. (amarillo, amarillos)
2. Es un árbol muy _____. (viejo, vieja)
3. Esa flor es _____. (nuevo, nueva)

Práctica adicional

(págs. 95–96)

Recuerda

3 Adjetivos posesivos

- Los adjetivos posesivos dicen a quién le pertenece algo. Tienen distintas formas según si aparecen antes o después del nombre que describen en la oración.

Escribe cada oración escogiendo el adjetivo posesivo correcto.

Ejemplo Estuve en (mis, mi) casa haciendo la tarea.
Estuve en mi casa haciendo la tarea.

1. Juan trajo los cuadernos (sus, suyos).
2. Préstame (tuyo, tu) libro.
3. (Nos, Nuestros) papás compran muchos libros.
4. Esas revistas no son (mis, mías).

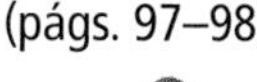

4 Artículos

- Los artículos van delante de los nombres.
- Los artículos determinados son **el, la, los, las**.
- Los artículos indeterminados son **un, una, unos, unas**.

Escribe cada oración escogiendo el artículo correcto.

Ejemplo Ésta es (el, la) casa de mi abuela.
Ésta es la casa de mi abuela.

1. En la ciudad vi (unas, unos) anuncios.
2. (Los, El) colegio de mi hermano es grande.
3. Mi mamá manejó (las, el) coche de mi papá.
4. Todos (unos, los) autobuses están rotos.

Práctica adicional

(págs. 99–100)

5 Al y del

- Cuando las palabras **a** y **el** aparecen juntas, hay que formar **al**.
- Cuando las palabras **de** y **el** aparecen juntas, hay que formar **del**.

Escribe cada oración formando **al** o **del**, según se indique.

Ejemplo Voy a ir a + el zoológico.
Voy a ir al zoológico.

1. Quiero darle comida a + el elefante.
2. Vi el programa de + el acuario.
3. También pensamos ir a + el circo.
4. Serán las mejores vacaciones de + el año.

Ortografía y puntuación

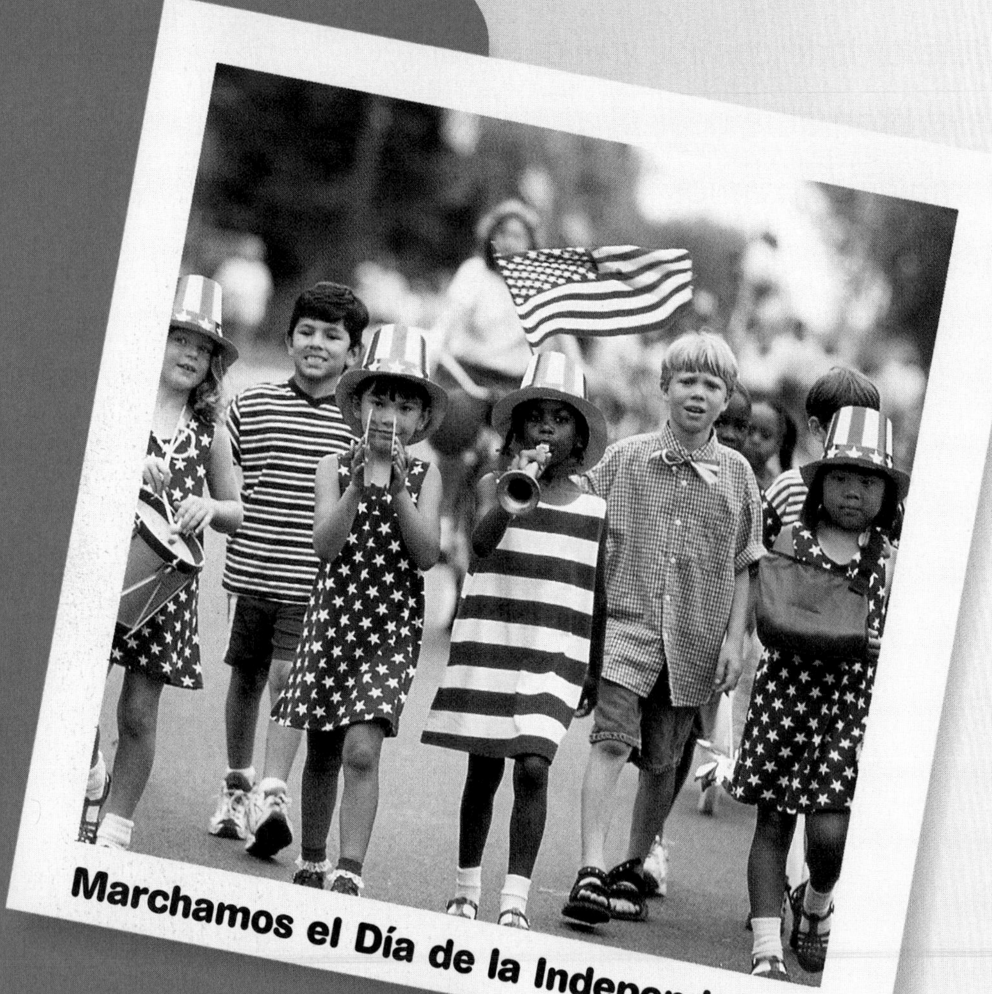

Marchamos el Día de la Independencia.

Estilo / Uso

1 Mayúsculas

Para comenzar

Busca las palabras escritas con mayúscula. ¿Por qué están con mayúscula?

Todos, Miguel y el barco y Muñequita y Cachorrito se abrazaron debajo de la manta peluda en los brazos de Mamá.

—tomado de En los brazos de Mamá, de Ann Herbert Scott

Al principio de una oración se usa mayúscula.

Soy la más alta de la clase.

También se escriben con mayúscula los nombres especiales de personas y lugares.

Jorge **R**odríguez　　　**L**os **Á**ngeles, **C**alifornia

Inténtalo

En voz alta Di qué palabras deben ir con mayúscula.

1. julio nació en méxico.
2. su hermana se llama lilia.
3. la familia López vive en san diego.

Por escrito Ahora, escribe cada oración correctamente.

Ejemplo mi mamá se llama nora.
Mi mamá se llama Nora.

Por tu cuenta

Escribe cada oración usando las mayúsculas correctamente.

Ejemplo hoy es el cumpleaños de clara.
Hoy es el cumpleaños de Clara.

1. fueron de viaje a guatemala.
2. en el viaje conocieron al señor gómez.

3–6. Corrige este diario. Encuentra cuatro palabras que deben ir con mayúscula. Escríbelo correctamente.

Ejemplo a diego le regalaron una corbata.
A Diego le regalaron una corbata.

Corrige

Hoy conocí a un chico llamado diego. Él nació en nicaragua. su papá trabaja en un hospital. Diego llegó a miami hace sólo unos meses.

¡Ahora, a escribir!

ESCRIBIR • PENSAR • ESCUCHAR • HABLAR

INFORMAR

Escribe una entrevista

¿Conoces a alguien que se haya mudado recientemente a tu ciudad o pueblo? Hazle una entrevista. Pregúntale de dónde vino y qué le gusta o no le gusta de tu ciudad. Preséntale tu entrevista a la clase. Pídeles que digan cuáles son los nombres especiales.

Práctica adicional: página 149

Estilo / Uso

2 Puntuación en las oraciones

Para comenzar

Mira estos signos de puntuación. Di una oración para cada signo de puntuación.

Una **pregunta** comienza y termina con **¿?** Una **exclamación** comienza y termina con **¡!** Un **mandato** y una **declaración** terminan con un **punto**.

¿Podemos ir a pescar?	Primero, recoge tu recámara.
¡Qué buena idea!	Cocinaré la comida.

Inténtalo

En voz alta Di qué tipo de oración es cada grupo de palabras. ¿Qué signos de puntuación debe llevar cada una?

1. Pon las tortugas en sus marcas
2. Mi tortuga es más rápida
3. Qué tortuga ganará
4. Bravo, ganó mi tortuga

Por escrito Escribe cada oración con la puntuación correcta.

Ejemplo Tengo una tortuga Tengo una tortuga.

5. Qué tortuga más grande
6. Qué come tu tortuga

Por tu cuenta

Escribe cada oración usando la puntuación correcta.

Ejemplo Estoy tan feliz ¡Estoy tan feliz!

1. Vamos en coche

2. Cuándo vamos a llegar

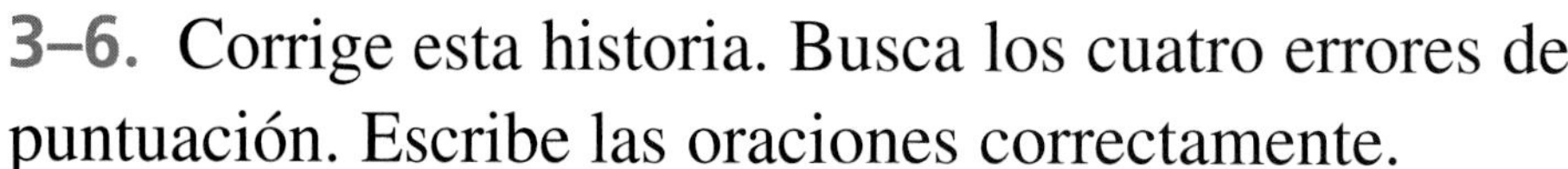

3–6. Corrige esta historia. Busca los cuatro errores de puntuación. Escribe las oraciones correctamente.

Ejemplo ¿Prende la linterna, por favor?
Prende la linterna, por favor.

Corrige

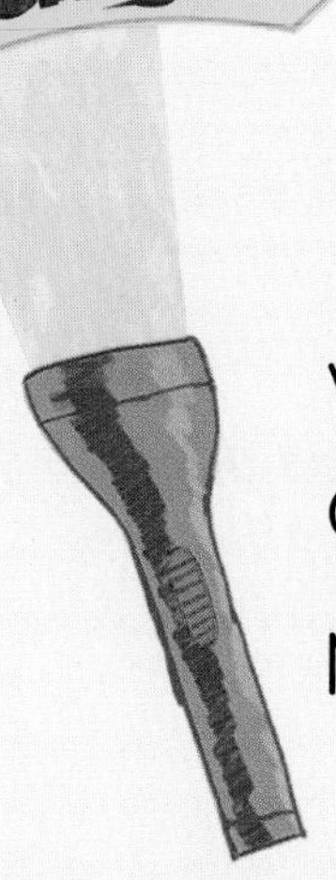

Fuimos a un campamento este verano En la noche nos perdimos! Qué podíamos hacer sin linternas Nos asustamos mucho.

¡Ahora, a escribir!

ESCRIBIR • PENSAR • ESCUCHAR • HABLAR

CREAR

Escribe una historia

Escribe sobre alguna aventura que hayas vivido. Trata de incluir los cuatro tipos de oraciones. Luego, léele tu historia a la clase y pídeles a tus compañeros que encuentren una oración de cada tipo en lo que escribiste.

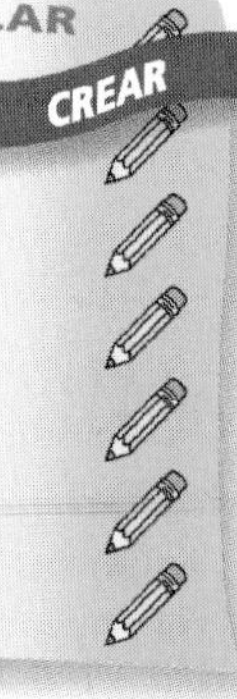

Práctica adicional: página 149

Escribir oraciones correctas

Corregir uniones incorrectas Una **unión incorrecta** combina dos oraciones que no se deben unir. Para corregirla, separa las oraciones. Usa las **mayúsculas** y la **puntuación** correctamente.

Incorrecto: Papá mira el cielo él ve las estrellas.

Correcto: Papá mira el cielo. **É**l ve las estrellas.

Inténtalo

En voz alta/Por escrito Lee las uniones incorrectas. Separa cada una para formar dos oraciones más cortas. Di las dos oraciones en voz alta. Después, escríbelas correctamente.

Ejemplo Pedro mira el cielo las estrellas forman figuras.
Pedro mira el cielo. Las estrellas forman figuras.

1–2. Siete estrellas forman una figura parecen una cuchara.

3–4. Tres estrellas son muy brillantes forman una franja.

Estrategias para revisar continuación

Aplícalo

1–6. La carta de correo electrónico de Clara contiene tres uniones incorrectas. Copia la carta y escribe cada una como dos oraciones más cortas. Usa la puntuación correcta.

Ejemplo Las estrellas salen comienzan los cuentos.
Las estrellas salen. Comienzan los cuentos.

Revisa

Type Face | Size | B | I | U | Spell Check

Queridos mamá y papá:

El abuelo tiene un telescopio nuevo lo compró la semana pasada. Anoche el abuelo me enseñó algunas estrellas un grupo formaba la figura de un oso. El abuelo me contó la historia del oso. Otras estrellas parecían un gran barco el barco navegaba por el cielo.

¡Quizás escribiré un cuento sobre ese barco en el cielo!

Saludos,

Clara

Estilo / Uso

3 Comas

Para comenzar

Lee la siguiente oración en voz alta. ¿Cuándo haces una pausa al leer? ¿Cómo se indica la pausa por escrito?

> Tenía el pelo blanco, los ojos borrosos, la piel morena y unas manos inmensas.
>
> —tomado de El baile de las memorias, de Laura Santos R.

Las **comas** se usan para separar las partes de una **serie** o lista de cosas.

Me gustan las pizzas, las papas, los tacos y los postres.

También se usan para separar el nombre de la persona a la que se habla directamente en una oración.

Eva, ten cuidado por donde andas.

Inténtalo

En voz alta Lee las siguientes oraciones. Di dónde faltan las comas.

1. En mi jardín hay flores árboles y arbustos.
2. Alejandra tráeme la pala.
3. Mi mamá mi papá mi perro y yo plantamos un árbol.

Por escrito Ahora, escribe cada oración correctamente.

Ejemplo Pedro haz lo que te digo. Pedro, haz lo que te digo.

Por tu cuenta

Escribe cada oración. Agrega comas donde deban ir.

Ejemplo Juan Carlos y yo fuimos al cine.
Juan, Carlos y yo fuimos al cine.

1. Enrique ven a ayudarme.
2. A mí me gustan las peras los plátanos las fresas y las mandarinas.

3–6. En la siguiente lista de tareas faltan cuatro comas. Corrígela y escríbela correctamente.

Corrige

Tareas semanales

Limpiar la jaula del hámster darle de comer bañarlo y jugar con él.

Poner cada lugar en la mesa con tenedor cuchara y cuchillo.

El sábado jugar fútbol limpiar mi cuarto y hacer la tarea.

¡Ahora, a escribir!

ESCRIBIR • PENSAR • ESCUCHAR • HABLAR

RESUMIR

Escribe una lista de tareas

Haz una lista de las tareas que te corresponden en tu casa cada semana. No olvides poner las comas en los lugares correctos. Luego, con tus compañeros, comenten sus listas y asegúrense de que hayan puesto las comas correctamente.

Práctica adicional: página 150

Estilo / Uso

Comas en nombres de lugar

Para comenzar

Haz una lista de las ciudades o pueblos que te gustaría conocer. Incluye el nombre del estado si lo sabes. ¿Puedes encontrar cada lugar en un mapa?

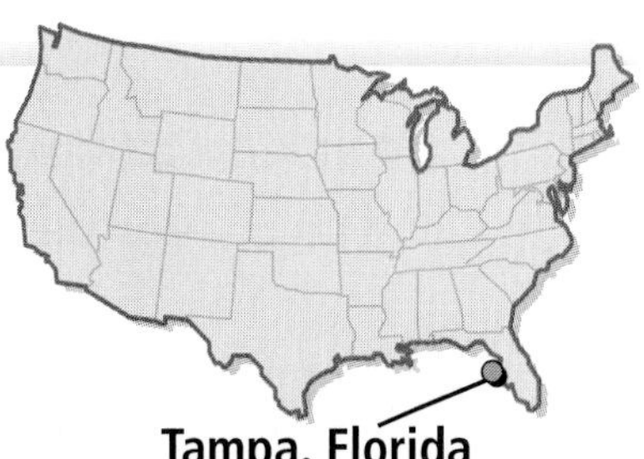

Se usa una **coma** (,) para separar el nombre de una ciudad o pueblo del nombre del estado o país en que está.

Mis abuelos viven en Tampa**,** Florida.

Yo nací en Managua**,** Nicaragua.

Inténtalo

En voz alta Lee cada oración y di dónde tiene que ir la coma.

1. Pancho nació en San Diego California.
2. Pasé el año pasado en Houston Texas.
3. Luisa vive en Chicago Illinois.
4. Sus tíos viven en Acapulco México.

Por escrito Ahora, escribe las oraciones correctamente.

Ejemplo Nací en El Paso Texas. Nací en El Paso, Texas.

Estilo / Uso

5 Comillas

Mira la ilustración. Inventa algo simpático que diría el puercoespín si pudiera hablar.

Las **comillas** (" ") se usan al principio y al final de las palabras exactas que alguien dice o de lo que se copia directamente de otro lugar.

Rosa dijo: "Eres muy cómico".

El libro dice: "Apréndete unos chistes".

Inténtalo

En voz alta Lee las oraciones y di en qué parte se colocan las comillas.

1. Rosa dijo: Me encantan los libros de chistes.
2. Beto dijo: Aquí hay uno muy simpático.

Por escrito Ahora, escribe las oraciones correctamente.

Ejemplo El autor dice: Que tengas un bonito día.
El autor dice: "Que tengas un bonito día".

Práctica adicional: página 151

Estilo / Uso

6 Raya o guión largo

Para comenzar

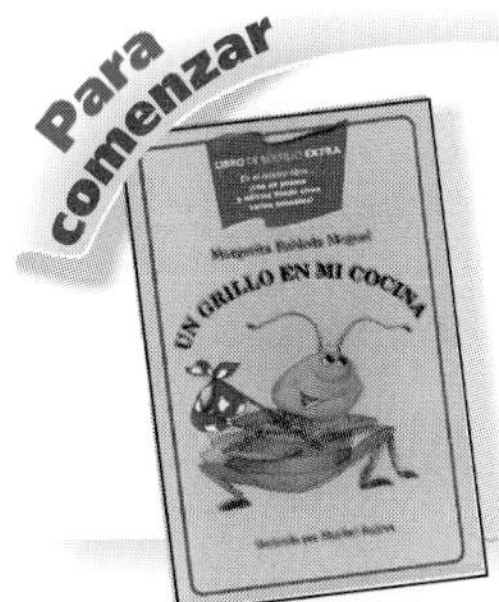

Lee la siguiente oración. ¿Qué fue lo que dijo el personaje? ¿Cómo lo sabes?

—¡Es un grillo! —exclamé.

—tomado de Un grillo en mi cocina, de Margarita Robleda Moguel

Un **diálogo** es una conversación entre dos o más personajes. Cuando escribes un diálogo, debes usar **rayas**. Cada vez que hable un nuevo personaje, empieza un párrafo nuevo con una raya. Usa rayas también para separar las frases que indican quién habla.

—¿Cómo te llamas? —me preguntó.
—Me llamo Luis —contesté.

Inténtalo

En voz alta Lee el siguiente diálogo y di dónde faltan las rayas.

1. ¿Te gustan las flores? preguntó Pablo.
2. Me encantan respondió Luisita.
3. A mí también dijo Pablo.

Por escrito Ahora, copia el diálogo correctamente.

Ejemplo Éstas moradas huelen rico dijo Luisita.
—Éstas moradas huelen rico —dijo Luisita.

Por tu cuenta

Escribe este diálogo usando las rayas correctamente.

Ejemplo ¡Eres tú, Andrés! dijo Felipe.
—¡Eres tú, Andrés! —dijo Felipe.

1. ¿Qué has hecho? preguntó Andrés.
2. No he hecho nada contesté.
3. Yo sí he hecho muchas cosas me dijo.

4–10. En esta parte de un cuento faltan siete rayas. Escríbelo correctamente.

Ejemplo —No lo sé le respondió.
—No lo sé —le respondió.

Corrige

¡Ábranme! gritó el muñeco de nieve.
Baja la voz dijo la niña.
Sólo quería saber dijo el muñeco
si tenían algún helado de vainilla.

¡Ahora, a escribir!

ESCRIBIR • PENSAR • ESCUCHAR • HABLAR

CREAR

Escribe un diálogo

Inventa unos personajes y escribe un diálogo. Usa las rayas para indicar quién habla y qué dice. Con un compañero, tomen cada uno el papel de un personaje. ¿Puede tu compañero ver quién habla y qué dice siguiendo tu puntuación?

 Práctica adicional: página 151

Gramática / Estilo

7 División en sílabas

Para comenzar

En esta adivinanza, ¿está bien dividida la palabra <u>muchas</u>?

Es roja, blanca y azul, y tiene muchas estrellas. ¿Qué es? (la bandera)

Aquí tienes las reglas para dividir una palabra en sílabas.

- Cuando hay una consonante entre dos vocales, la consonante va con la segunda vocal, separada de la primera. Cuando hay dos consonantes entre dos vocales, divide entre las dos consonantes.

  to-no ca-ro mon-tón bar-ba

- Nunca dividas *ch, ll, rr,* o las combinaciones de consonantes *bl, br, cl, cr, dr, fl, fr, gl, gr, pl, pr* y *tr*.

  ha-cha e-lla i-glú la-drar

Inténtalo

En voz alta Pronuncia las siguientes palabras haciendo una pausa entre las sílabas.

1. campo
2. niña
3. techo
4. llover

Por escrito Ahora, escribe cada palabra poniendo un guión entre las sílabas.

Ejemplo carro ca-rro

Por tu cuenta

Escribe cada palabra poniendo un guión entre las sílabas.

Ejemplo pájaro pá-ja-ro

1. pluma

2. foto

3. hambre

4. inglés

5. silla

6. rastrillo

7–8. En esta tarjeta hay dos palabras mal divididas. Escribe cada palabra dividiéndola correctamente.

Ejemplo Gracias por tu regalo de cumpleaños. re-ga-lo

¡Ahora, a escribir!

ESCRIBIR • PENSAR • ESCUCHAR • HABLAR

EXPRESAR

Escribe una tarjeta

Exprésale tu agradecimiento a alguien por un regalo que te haya hecho o por otra bondad. Divide algunas palabras al final del renglón. Léele y muéstrale tu tarjeta a un compañero. ¿Está de acuerdo con la manera en que dividiste las palabras?

Práctica adicional: página 152

Gramática / Estilo

8 Diptongos

Para comenzar

¿Cuántas sílabas tiene cada palabra subrayada?

¡Que llueva! ¡Que <u>llueva</u>!
La <u>vieja</u> está en la <u>cueva</u>.

—tomado de una canción tradicional

Dos vocales juntas a veces forman **diptongo**. El diptongo es la unión en una misma sílaba de una **vocal fuerte (*a, e, o*)** con una **vocal débil (*i, u*)**, o de dos vocales débiles. La ***y*** al final de una sílaba también forma diptongo.

a-gua no-via ai-re cui-da-do rey

Si una vocal **débil** lleva acento, se rompe el diptongo y las vocales se separan.

Ma-rí-a rí-o pú-a Ra-úl le-í

Inténtalo

En voz alta Divide cada palabra en sílabas.

1. cuentos
2. cuidado
3. ciudad
4. comía

Por escrito Ahora, divide cada palabra en sílabas por escrito. Subraya la sílaba con diptongo.

Ejemplo viaje <u>via</u>-je

Por tu cuenta

Divide cada palabra en sílabas. Subraya la sílaba con diptongo.

Ejemplo tienen tie-nen

1. baile
2. siempre
3. cuando
4. ciudad
5. salía
6. jaula

7–11. En el siguiente poema hay cinco palabras con diptongo. Escribe el poema y subraya las palabras con diptongos.

Ejemplo El agua estaba muy rica.

El agua estaba muy rica.

Corrige

En enero todo es nuevo.
En marzo la tierra florece.
En agosto voy a la playa.
En diciembre ya tengo nieve.

¡Ahora, a escribir!

ESCRIBIR • PENSAR • ESCUCHAR • HABLAR

CREAR

Escribe un poema

Escribe sobre lo que te gusta hacer en los meses de verano o de invierno. Tu poema puede rimar o no, como quieras. Reúnete con tus compañeros y lean sus poemas en voz alta. Levanten la mano cada vez que oigan una palabra con diptongo.

Práctica adicional: página 152

Gramática / Estilo

Agudas, llanas y esdrújulas

Para comenzar

¿Qué sílaba se pronuncia con más fuerza en cada palabra subrayada?

La Luna durmió con su sábana blanca.

Las palabras de dos o más sílabas se dividen en **agudas, llanas** y **esdrújulas** según la sílaba que se pronuncia con más fuerza.

Tipo	Fuerza en la...	Ejemplos
Aguda	última sílaba	comer, ratón, quizás
Llana	penúltima sílaba	árbol, manzana, lápiz
Esdrújula	antepenúltima sílaba	teléfono, médico

Inténtalo

En voz alta Di cada palabra indicando la sílaba que se pronuncia con más fuerza.

1. lengua
2. inyección
3. mirar
4. paleta
5. lámpara
6. doctora

Por escrito Ahora, divide cada palabra en sílabas y escribe si es aguda, llana o esdrújula.

Ejemplo cápsula cáp-su-la esdrújula

Por tu cuenta

Copia cada oración y subraya la palabra del tipo que se pide entre paréntesis ( ).

Ejemplo Bajamos al sótano de mi casa. (esdrújula)

Bajamos al <u>sótano</u> de mi casa.

1. Tiró mi libro azul. (llana)
2. Se pudo subir al árbol. (aguda)
3. Visitamos la fábrica de chocolates. (esdrújula)

4–8. Copia cada palabra subrayada de este cuento. Divídela en sílabas. Escribe si es aguda, llana o esdrújula.

Ejemplo Gloria se cayó de un <u>árbol</u>.

árbol ár-bol llana

Ayer me <u>subí</u> a un árbol y me <u>caí</u>. Se me fracturó el brazo. Fue una <u>catástrofe</u>. En el <u>hospital</u> un doctor me enyesó. <u>Ahora</u> no puedo jugar.

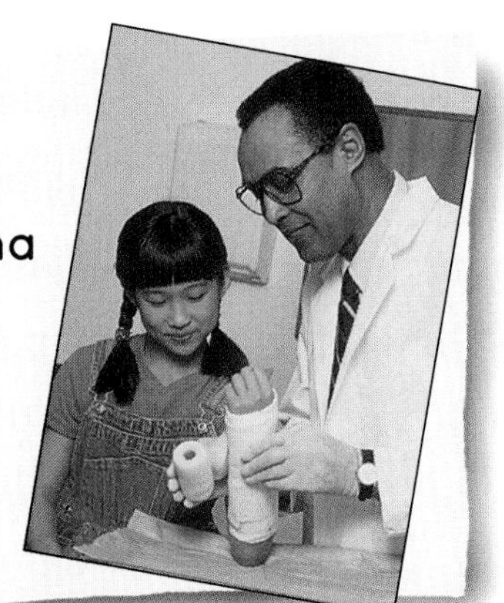

¡Ahora, a escribir!

ESCRIBIR • PENSAR • ESCUCHAR • HABLAR

NARRAR

Escribe una narración

Cuenta lo que ocurrió una vez que fuiste al médico. Intercambia tu relato con un compañero y clasifiquen en agudas, llanas y esdrújulas todas las palabras de más de una sílaba.

Práctica adicional: página 153

Estilo / Uso

10 Palabras agudas

Para comenzar

¿Cuántas palabras agudas hay en esta oración? ¿Cuáles llevan acento?

Mi bebé Tomás ya se durmió.
¿Con qué vas a soñar, mi corazón?

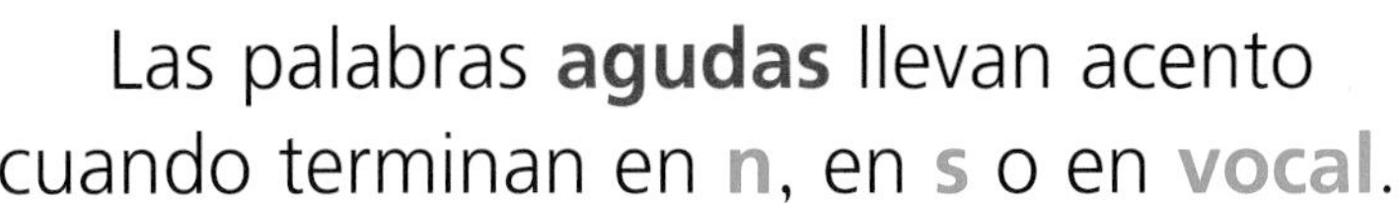

Las palabras **agudas** llevan acento cuando terminan en **n**, en **s** o en **vocal**.

corazón Tomás bebé

No llevan acento cuando terminan en cualquier otra letra.

pastel libertad amor

Inténtalo

En voz alta Lee cada oración. Di a qué palabra le falta un acento.

1. Los peces nadan por aqui.
2. Despues se van a otro lado.
3. Un pez ya comio.

Por escrito Ahora, escribe cada oración correctamente.

Ejemplo Quizas tienen hambre. Quizás tienen hambre.

Por tu cuenta

Copia cada oración. Ponle acento a la palabra aguda subrayada si le hace falta.

Ejemplo Ayer la maestra nos enseño un juego.
Ayer la maestra nos enseñó un juego.

1. Yo sali de la escuela temprano.
2. Me gusta mucho jugar.
3. Se me rompió el pantalon.

4–7. Copia esta carta. Ponle acento a cuatro palabras agudas.

Ejemplo La educacion es importante.
La educación es importante.

Querida Susana:

Me gusto tu historia sobre el niño y su perro. Compre un libro sobre un colibri que maneja un autobus.

Hasta pronto,
Antonio

¡Ahora, a escribir!

ESCRIBIR • PENSAR • ESCUCHAR • HABLAR

EXPRESAR

Escribe una carta

Escríbele al autor de un libro que te guste. Dile por qué te gustó su libro. Léele tu carta a un compañero y comprueben que has acentuado correctamente todas las palabras agudas.

Estilo / Uso

11 Palabras llanas

Para comenzar

¿Cuántas palabras llanas puedes encontrar en esta oración? ¿Cuáles llevan acento?

Si se te ponchan las llantas,
es inútil el llanto.

Las palabras **llanas** llevan acento cuando terminan en cualquier letra que **no** sea **n**, **s** o **vocal**.

inútil lápiz azúcar

No llevan acento cuando terminan en ***n***, en ***s*** o en **vocal**.

bailan lomas ponte

AYUDA

¡Fíjate!

Las palabras llanas siempre se escriben con acento cuando el acento sirve para indicar que no hay diptongo.

tenía río

Inténtalo

En voz alta Lee cada oración. Di a qué palabra le falta un acento.

1. Maria estaba feliz.
2. Era un truco muy dificil.

Por escrito Ahora, escribe cada oración correctamente.

Ejemplo El truco ahora era facil. El truco ahora era fácil.

Por tu cuenta

Copia cada oración. Ponle acento a la palabra llana subrayada si le hace falta.

Ejemplo Es un adorno muy fragil. Es un adorno muy frágil.

1. El diccionario es muy util.
2. No tenia con qué escribir.
3. ¿Me prestas tu pluma?
4. Sólo tengo un lapiz.

5–9. Corrige esta nota de un diario. Cópiala y ponle acento a cinco palabras llanas que lo necesitan.

Ejemplo Paco entró al tunel oscuro.

Paco entró al túnel oscuro.

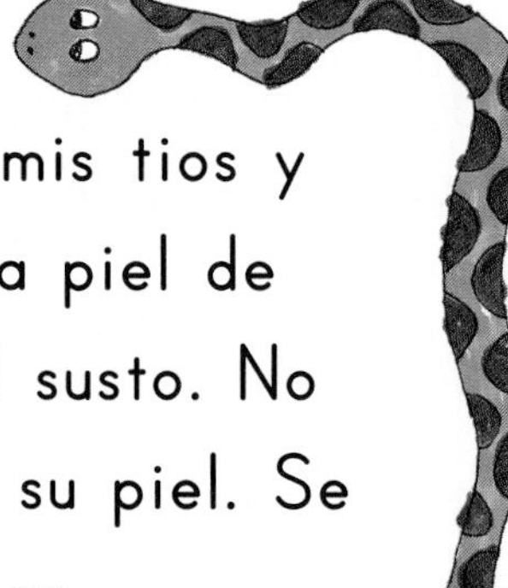

Domingo 15

Ayer fuimos al desierto con mis tios y mi primo Angel. Él encontró una piel de serpiente. Se quedó inmovil del susto. No sabia que las serpientes mudan su piel. Se lo expliqué y entonces nos reimos.

¡Ahora, a escribir!

ESCRIBIR • PENSAR • ESCUCHAR • HABLAR

NARRAR

Escribe en tu diario

Escribe en tu diario sobre alguna aventura al aire libre que hayas tenido. Reúnete con un compañero y léanse sus narraciones. Comprueben que las palabras llanas están acentuadas correctamente.

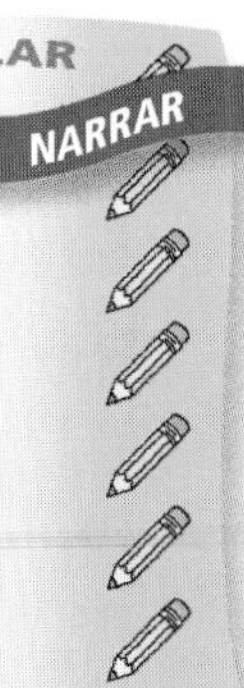

Práctica adicional: página 154

Estilo / Uso

12 Palabras esdrújulas

Para comenzar

¿Qué está mal en esta rima?

¿Es que tú no sabes, chico,
que Acapulco está en Mexico?

Recuerda que las palabras esdrújulas son las que pronuncian con más fuerza la antepenúltima sílaba. Todas las palabras esdrújulas llevan acento escrito.

rápido océano México

Inténtalo

En voz alta Lee cada oración. Di a qué palabra le falta un acento.

1. El sabado tuve una fiesta.
2. Recibí unos regalos magnificos.
3. Mi abuela me llamó por telefono.
4. El tiempo pasó muy rapido.

Por escrito Ahora, escribe cada oración correctamente.

Ejemplo Damelo, por favor.
Dámelo, por favor.

Por tu cuenta

Copia cada oración. Ponle acento a la palabra esdrújula.

Ejemplo Hoy mamá me llevó al medico.
Hoy mamá me llevó al médico.

1. Tengo practica de fútbol el martes.
2. En esa cueva hay murcielagos.
3. ¡Quitate de ahí!

4–7. Corrige la anécdota que Rafael escribió. Hay cuatro esdrújulas que deben llevar acento.

Ejemplo Ese programa es malisimo. Ese programa es malísimo.

Corrige

En el sotano de mi casa había grillos. Los descubrieron el miercoles cuando mis hermanos fueron a sacar unos periodicos viejos. Con una lampara pudieron ver los grillos, que saltaban en un rincón. Con la luz se asustaron y saltaron por la ventana.

¡Ahora, a escribir!

ESCRIBIR • PENSAR • ESCUCHAR • HABLAR

CREAR

Escribe un cuento tonto

Inventa un "cuento esdrújulo", en el que uses todas las palabras esdrújulas que se te ocurran. Lee tu cuento en clase. ¿A quién se le ocurrieron más palabras esdrújulas? ¿Te acordaste de acentuarlas todas?

Práctica adicional: página 154

Estilo / Uso

13 Diéresis: gue, gui, güe, güi

Para comenzar

¿Sabes qué indican los dos puntitos sobre la *u* en las palabras subrayadas?

Con su <u>paragüitas</u>,
por si acaso llueve,
sale don <u>Pingüino</u>
puntual a las nueve.

En general, la ***u*** entre la ***g*** y la ***e*** o entre la ***g*** y la ***i*** no se pronuncia; sólo sirve para indicar el sonido fuerte de la ***g***.

guerra guineo

A veces, la ***u*** entre la ***g*** y la ***e*** o entre la ***g*** y la ***i*** sí se pronuncia. Para indicar esto, se ponen dos puntitos sobre la ***u***. Este signo se llama la **diéresis**.

pinguino sinverguenza

Inténtalo

En voz alta Di dónde va la diéresis.

1. La iguana guardó su lenguita.
2. Baja al río a beber aguita fresca.

Por escrito Ahora escribe cada oración correctamente.

Ejemplo Ponme un poco de unguento en esta picada.
Ponme un poco de ungüento en esta picada.

Por tu cuenta

Copia cada oración y subraya la palabra con diéresis.

Ejemplo La cigüeña es un ave zancuda.
La cigüeña es un ave zancuda.

1. Un lingüista estudia el lenguaje.
2. Necesito un paragüero para poner los paraguas.

3–5. En esta lista de regalos, las palabras subrayadas necesitan diéresis. Escribe la lista correctamente.

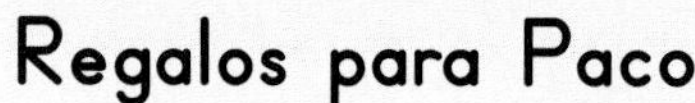

Regalos para Paco

De Miguel: un guiro cubano
De Marta: una guitarra nicaraguense
De Sofía: unas antiguedades chinas

¡Ahora, a escribir!

ESCRIBIR • PENSAR • ESCUCHAR • HABLAR

COMPARAR

Escribe una lista

Haz una lista de las características que los pingüinos tienen en común con las demás aves. Investiga los pingüinos en una enciclopedia o en la Internet. Lee tu lista en clase. ¿Alguien encontró otras características que tú no encontraste? ¿Te acordaste de ponerle diéresis a la palabra *pingüino*?

Práctica adicional: página 155

Mayúsculas (página 113)

Escribe cada oración usando las mayúsculas correctamente.

1. El señor martínez nació en cuba.
2. julia y ana son mis mejores amigas.

Puntuación en las oraciones (página 115)

Escribe cada oración. Agrega la puntuación correcta.

3. El perro ladra
4. Qué tipo de perro es
5. Qué miedo tengo
6. No corras muy rápido

Comas (páginas 119, 121)

Escribe las siguientes oraciones y coloca las comas que faltan.

7. Mis mejores amigos son Pablo José Marco y Martín.
8. María dime qué hora es, por favor.
9. Mi mamá nació en Monterrey México.
10. Voy a usar los colores rojo amarillo azul y verde.

Comillas (página 122)

Escribe las oraciones. Usa las comillas correctamente.

11. Mi mamá me dijo: Entra ya, Luis.
12. El libro dice: Empieza con mayúscula.

Raya o guión largo (página 123)

Escribe este diálogo añadiendo los guiones largos que faltan.

13. ¿Quieres ir al cine? preguntó Raymundo.
14. Mejor vamos mañana contestó Beto.
15. De acuerdo respondió Raymundo.

División en sílabas (página 125)

Escribe cada palabra poniendo un guión entre las sílabas.

16. libro
17. ogro
18. herrero
19. ancho

Diptongos (página 127)

Divide cada palabra en sílabas. Subraya la sílaba con diptongo.

20. contrario
21. tiempo
22. enjaulado
23. acueducto

Agudas, llanas y esdrújulas (página 129)

Copia cada palabra y escribe si es aguda, llana o esdrújula.

24. avión
25. máximo
26. fácil
27. montar

Palabras agudas (página 131)

Copia cada oración. Ponle acento a la palabra aguda.

28. Mi papa es bombero.
29. No ha llegado el camion.
30. Me encanta la accion.
31. De grande sere pintora.

Palabras llanas (página 133)

Copia cada oración. Ponle acento a la palabra llana.

32. No puedo escribir sin mi lapiz.
33. Es una máquina muy util.
34. Me encantan las fresas con azucar.
35. Julia queria mucho a su perrito.

Palabras esdrújulas (página 135)

Copia cada oración. Ponle acento a la palabra esdrújula.

36. Tengo dos examenes.
37. Desayunar es buen habito.
38. Leímos una fabula.
39. El agua es un liquido.

Diéresis: gue, gui, güe, güi (página 137)

Si la palabra lleva diéresis, escríbela correctamente. Si no lleva diéresis, escribe *no lleva diéresis.*

40. pinguinos
41. guerras
42. seguir
43. cigueña

Repaso mixto 44–58. Corrige esta nota de un diario. Busca diez errores de mayúsculas y puntuación. También faltan cinco acentos. Escribe la nota correctamente.

Lista de control: Corregir

- ✔ ¿Usaste bien los puntos y los signos de interrogación o exclamación?
- ✔ ¿Comienzan con mayúscula los nombres propios de personas y lugares?
- ✔ ¿Usaste correctamente las comas?
- ✔ ¿Les pusiste acento a las palabras que lo llevan?

Ejemplo nos divertimos mucho en las vacaciones.
Nos divertimos mucho en las vacaciones.

Austin texas
3 de julio

hoy visitamos el Museo de Ciencias. La Sra. pérez, nuestra guía, nos preguntó: ¿Saben quien inventó el telégrafo? Yo sí sabía porque lei un libro sobre eso.

Después visitamos la tienda de regalos. ¡Compré una tarjeta una lupa y un libro increible Lo voy a leer durante el vuelo a Roswell Nuevo Mexico. Vamos a pasar unos dias ahí.

Examen de práctica

Escribe los números del 1 al 4 en una hoja de papel. Lee el párrafo. Decide si cada oración subrayada está correcta o, si no, qué tipo de error contiene. Escribe la letra de la respuesta correcta.

(1) El lunes, mi hermana Lisa se enfermó. Mi mama la llevó al médico. (2) Él le examinó los oídos la garganta y la nariz. Luego le dijo que tenía la garganta muy roja. (3) Mañana no podra ir a la escuela. (4) Estará en cama todo el dia y no podrá jugar con sus amigas. Ojalá que se mejore pronto.

1 A Ortografía
B Uso de mayúsculas
C Puntuación
D Oración correcta

2 F Ortografía
G Uso de mayúsculas
H Puntuación
J Oración correcta

3 A Ortografía
B Uso de mayúsculas
C Puntuación
D Oración correcta

4 F Ortografía
G Uso de mayúsculas
H Puntuación
J Oración correcta

Examen de práctica continuación

Ahora escribe los números del 5 al 8 en tu hoja. Lee el párrafo. Decide si cada oración subrayada está correcta o, si no, qué tipo de error contiene. Escribe la letra de la respuesta correcta.

(5) ¿Alguna vez has visitado san antonio? (6) Mi tía Georgina vive alla. En agosto fuimos a visitarla. (7) Nos llevó al cine al museo y al zoológico. (8) Vimos tigres, osos y leones. ¡Cómo nos divertimos viendo todos los animales!

5 **A** Ortografía
B Uso de mayúsculas
C Puntuación
D Oración correcta

6 **F** Ortografía
G Uso de mayúsculas
H Puntuación
J Oración correcta

7 **A** Ortografía
B Uso de mayúsculas
C Puntuación
D Oración correcta

8 **F** Ortografía
G Uso de mayúsculas
H Puntuación
J Oración correcta

Examen de práctica continuación

Escribe los números 9 y 10 en tu hoja. Lee el párrafo y busca las partes subrayadas y numeradas. Estas partes pueden ser:

- oraciones incompletas
- uniones incorrectas
- oraciones correctas que se deben combinar
- oraciones correctas

Escoge la mejor manera de escribir cada parte subrayada. Escribe la letra de la respuesta correcta. Si las partes subrayadas están bien, escribe la letra de "Oraciones correctas".

> Mi escuela queda cerca del parque. (9) Mi maestro es el señor Ruiz él es un buen maestro. El viernes nos llevó al parque. Hicimos dibujos de la naturaleza. (10) Sara vio un pájaro negro. Juan vio un pájaro negro. Sara hizo un dibujo del pájaro.

9
- **A** Mi maestro es el señor Ruiz. Él es un buen maestro.
- **B** Mi maestro. Es el señor Ruiz. él es un buen maestro.
- **C** Mi maestro es el señor Ruiz. Buen maestro.
- **D** Oraciones correctas

10
- **F** Sara y Juan. Vieron un pájaro negro.
- **G** Sara y Juan vieron un pájaro negro.
- **H** Sara y Juan vieron. Un pájaro negro.
- **J** Oraciones correctas

Unidad 1: La oración

Parte que nombra y Parte que cuenta (páginas 9–12)

Escribe cada oración. Encierra en un círculo la parte que nombra. Subraya la parte que cuenta.

1. Nosotros fuimos al zoológico.
2. El enorme león rugió.
3. La jirafa comió muchas hojas.
4. La foca nadó en un estanque.

Tipos de oraciones (páginas 17–24)

Escribe cada oración correctamente. Di si es una declaración, una pregunta, un mandato o una exclamación.

5. este regalo es para Emma
6. qué cosa es
7. ábrelo
8. qué sombrero más bonito

Unidad 2: Nombres y pronombres

Nombres (páginas 35–38)

Escribe cada oración. Subraya el nombre en cada una.

9. ¿Tiene frío la niña?
10. El pasto está mojado.

Uno y más de uno (páginas 39–40, 45–48)

Cambia cada nombre para que se refiera a más de uno.

11. caja **12.** luz **13.** árbol

Pronombres (páginas 51–52)

Escribe cada oración. Usa un pronombre en lugar de las palabras subrayadas. Usa él, ella, ellos, ellas.

14. Cecilia tiene una bicicleta.

15. Los niños cantan en el coro.

Unidad 3: Verbos

Conjugación de verbos (páginas 67–74)

Escribe cada oración con la forma correcta del verbo entre paréntesis ( ).

16. Ana y Luis (baila, bailan) bien.

17. Ana (da, dan) clases de baile.

18. Ana y yo (planté, plantamos) rosas.

19. Su tía nos (ayudarás, ayudó).

Verbos irregulares (páginas 75–76)

Escribe cada oración. Escoge la forma correcta del verbo.

20. Laura (juega, juga) contigo.

21. Álvaro (quere, quiere) ir al parque.

Unidad 4: Adjetivos

Género y número (páginas 93–94)

Escribe cada grupo de palabras del cuadro **A** con el adjetivo correcto del cuadro **B**.

A	B
22. La niña es	simpático.
23. Su amigo es	contentos.
24. Ellos están	pequeña.

Unidad 5: Ortografía y puntuación

División en sílabas (páginas 125–128)

Divide cada palabra en sílabas. Subraya las sílabas con diptongos.

25. paciente
26. pleito
27. cuarenta
28. reinado

Agudas, llanas y esdrújulas (páginas 129–136)

Escribe si cada palabra es aguda, llana o esdrújula.

29. eléctrico
30. manzana
31. pared
32. simpático
33. lomas
34. difícil
35. caimán
36. jamás
37. rápido
38. feliz

(págs. 113–114)

1 Mayúsculas

- Todas las oraciones comienzan con letra mayúscula.
- Se escriben con mayúscula los nombres propios de personas y lugares.

Copia las siguientes oraciones. Pon las mayúsculas necesarias.

Ejemplo mi prima se llama mónica.
Mi prima se llama Mónica.

1. mi primo pepe vive en nueva york.
2. ¿en qué estado está san francisco?
3. invité a pedro y su hermana julita a mi fiesta.
4. pensamos viajar al canadá.

(págs. 115–116)

2 Puntuación en las oraciones

- Las declaraciones y los mandatos terminan con un punto (.).
-  Las preguntas van entre ¿ ?
- Las exclamaciones van entre ¡ !

Escribe la oración correcta de cada uno de los pares.

Ejemplo Tengo hambre. Tengo hambre.
Cuándo puedo comer.

1. Que te gusta más.
   Me gusta la escuela.
2. ¿Llegaste ahora?
   ¿Ven conmigo?

(págs. 119–120)

3 Comas

- Las comas se usan para separar las partes de una serie o lista de cosas.
- También se usan para separar el nombre de la persona a la que se habla directamente en una oración.

Escribe las siguientes oraciones y pon las comas que faltan.

Ejemplo Vamos juntos a la escuela al parque y a la gimnasia.
Vamos juntos a la escuela, al parque y a la gimnasia.

1. En mi casa vivimos mi mamá mi papá mi hermana y yo.
2. Ven a jugar Carlos.
3. Me gustaría tener un pez un perico y un gato.

(página 121)

4 Comas en nombres de lugar

Recuerda

- Coloca una coma (,) entre el nombre de una ciudad o pueblo y el nombre del estado o país en que está.

Escribe cada grupo de palabras. Coloca las comas en los lugares correctos.

Ejemplo Chico California Chico, California

1. Los Ángeles California
2. San José Costa Rica
3. París Francia
4. Tucson Arizona

(página 122)

Comillas

Recuerda

- Coloca comillas (" ") al principio y al final de las palabras exactas que alguien dice o de lo que se copia de otro lugar.

Escribe cada oración. Pon las comillas donde corresponden.

Ejemplo Toño dijo: "Tengo sed".
Toño dijo: "Tengo sed".

1. Tanya dijo: Me gusta leer contigo, abuela.
2. Papá leyó: Se vende casa.
3. El libro decía: Érase una vez...

(págs.123–124)

Raya o guión largo

Recuerda

- Al escribir un diálogo, empieza un párrafo nuevo y pon una raya cada vez que hable un nuevo personaje.
- Usa rayas también para separar las frases que indican quién habla.

Escribe el diálogo poniendo las rayas que faltan.

Ejemplo Espérame dijo Isabel. —Espérame —dijo Isabel.

1. Hoy aprendimos muchas cosas dijo Ana.
2. Sí, pero también nos dejaron mucha tarea contestó Isabel.
3. ¿Por qué no la hacemos juntas? preguntó Ana.
4. ¡Qué buena idea! dijo Isabel.

(págs. 125–126)

7 División en sílabas

Recuerda

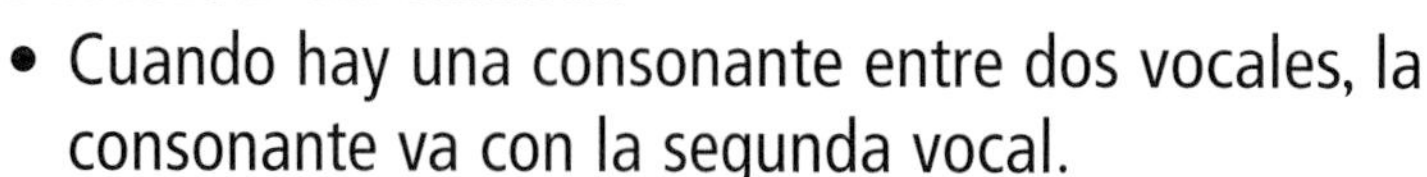

- Cuando hay una consonante entre dos vocales, la consonante va con la segunda vocal.

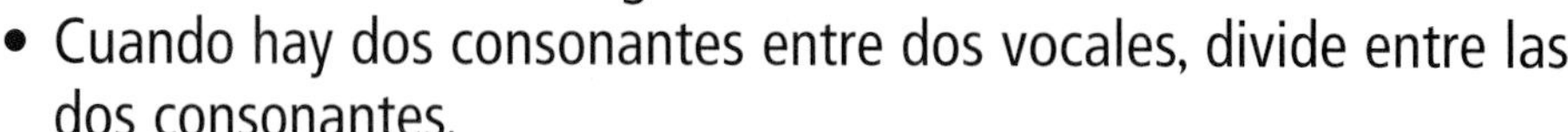

- Cuando hay dos consonantes entre dos vocales, divide entre las dos consonantes.
- Nunca dividas *ch*, *ll*, *rr*, o las combinaciones de consonantes tales como *bl*, *br*, *cl*, *cr*, *dr*, *fl*, *fr*, *gl*, *gr*, *pl*, *pr* y *tr*.

Divide cada palabra en sílabas.

Ejemplo conejo co-ne-jo

1. jirafa
2. tarjeta
3. bella
4. corazón
5. muchísimo
6. agradecido

(págs. 127–128)

8 Diptongos

Recuerda

- Un **diptongo** es la unión en una misma sílaba de una vocal fuerte *(a, e, o)* con una débil *(i, u)*, o de dos vocales débiles. La *y* al final de una sílaba también forma diptongo.
- Si una vocal débil lleva acento, se rompe el diptongo y las vocales se separan.

Divide cada palabra en sílabas. Subraya las sílabas con diptongo.

Ejemplo nieve nie-ve

1. estudiar
2. hueso
3. baile
4. nuevo
5. aire
6. mueblería

(págs. 129–130)

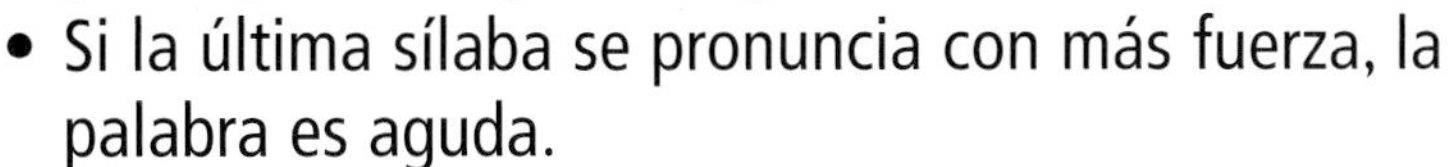

9 Agudas, llanas y esdrújulas

- Si la última sílaba se pronuncia con más fuerza, la palabra es aguda.
- Si la penúltima se pronuncia con más fuerza, la palabra es llana.
- Si la antepenúltima se pronuncia con más fuerza, la palabra es esdrújula.

Divide cada palabra en sílabas. Subraya la sílaba que se pronuncia con más fuerza. Escribe si la palabra es aguda, llana o esdrújula.

Ejemplo papalote pa-pa-lo-te llana

1. volcán **3.** fácil **5.** verdad

2. pájaros **4.** muchos **6.** sábado

(págs. 131–132)

10 Palabras agudas

- Las palabras agudas llevan acento escrito sólo cuando terminan en ***n***, en ***s*** o en **vocal**.

Escribe cada oración y subraya la palabra aguda.

Ejemplo Le sonrió a su abuela.
Le sonrió a su abuela.

1. Lilia cumplió dos años.

2. Ella es como un ciclón.

3. Tiene un animal de peluche.

4. Ella habla sólo inglés.

(págs. 133–134)

11 Palabras llanas

- Las palabras llanas llevan acento escrito sólo cuando **no** terminan en ***n***, en ***s*** o en **vocal**.
- Si el acento sirve para indicar que se rompe un diptongo, se pone aunque la palabra llana termine en ***n***, en ***s*** o en **vocal**.

Copia cada palabra subrayada añadiéndole acento si le hace falta.

Ejemplo Le gusta el cuento del oso en la nieve. nieve

1. El oso vivía debajo de un arbol.
2. Ella lo leia todas las mañanas.
3. No era un cuento muy largo.
4. Era un cuento facil.

(págs. 135–136)

 Palabras esdrújulas

- Las palabras esdrújulas siempre llevan acento escrito.

Escribe cada oración. Ponle acento a la palabra esdrújula.

Ejemplo Se acentúa en esta silaba.
Se acentúa en esta sílaba.

1. Esta calle tiene muchos semaforos.
2. Las cosas viejas están en el sotano.
3. Mi mamá tiene una maquina de coser.
4. Mi cama tiene sabanas nuevas.

(págs. 137–138)

13 Diéresis: gue, gui, güe, güi

Recuerda

- Cuando la ***u*** se pronuncia entre la ***g*** y la ***e*** o entre la ***g*** y la ***i***, se ponen dos puntitos sobre la ***u*** para indicarlo. Estos dos puntitos se llaman **diéresis**.

Escribe cada oración poniéndole diéresis a la palabra subrayada.

Ejemplo El músico tocaba el guiro.
El músico tocaba el güiro.

1. El pinguino no llegó a tiempo.
2. Le dio verguenza llegar tarde.
3. Se había entretenido hablando con la cigueña.
4. Su coche era una antiguedad y no iba muy rápido.

Índice

Índice

Credits

Illustrations

Andrea Arroyo: 26, 84, 92 (top), 95, 104, 141
Bernard Adnet: 13, 73 (top)
Christiane Beauregard: 55, 63, 105
Tomek Bogacki: 60 (top)
Elizabeth Brandt: 50 (bottom)
Dan Brawner: 37 (top), 38 (bottom), 39 (top)
Lizi Boyd: 24, 92 (bottom), 98
Liz Callen: 27, 32, 53, 78, 86, 89, 99 (top), 152
John Cymerman: 30, 40 (top), 50 (top)
Linda Davick: 61 (top)
Chris Demarest: 9 (top), 18 (top), 19, 45 (top), 46 (top), 51 (top), 122, 129 (top), 131 (top), 133 (top), 135 (top), 146, 154
Dorothy Donohue: 11 (top), 71 (top), 135 (bottom)
Daniel Dumont: 60 (bottom)
Tuko Fujisaki: 31, 79, 139
Lee Glynn: 46 (bottom), 52, 120, 121 (top), 132 (bkgnd), 136
Myron Grossman: 39 (bottom), 43, 45 (bottom), 115, 119, 138
Tim Haggerty: 88, 116 (top), 125 (top), 137
Jennifer Beck Harris: 7, 21, 37 (bottom), 51 (bottom), 54, 62, 68, 69 (top), 72, 74, 97, 122 (bottom), 125 (bottom), 126, 134
John Hovell: 12 (bkgnd), 18 (bottom), 24 (bkgnd), 33, 36 (bottom), 40 (bottom), 44, 78 (bkgnd), 94 (bottom), 96 (bottom), 100 (bkgnd)
Benrei Huang: 22 (top), 150
Jared Lee: 109
Andy Levine: 9 (bottom), 17, 23
Cynthia Malaran: 103
Claude Martinot: 10 (top), 12
Ferris Nicholais: 124, 132
Tim Nihoff: 8, 20, 67, 85 (top), 117, 122 (top)
Diane Paterson: 85 (bottom), 147, 155
Chris Reed: 11 (bottom), 61 (bottom), 80, 96 (top), 111, 133 (bottom)
Tim Robinson: 94 (top)
Ellen Sasaki: 73 (bottom), 91 (bottom)
Michael Sloan: 48 (top)
Jackie Snider: 10 (bkgnd), 14, 36 (top), 38 (top), 49
George Ulrich: 121 (bottom)
Ted Williams: 20 (bkgnd), 22 (bottom), 72 (bkgnd), 74 (bkgnd), 88, (bkgnd), 116 (bottom)

Photographs

10 © Photodisc. **15** (tl) © Tim Davis/Tony Stone Images (tr) © Kennan Ward/Corbis (bl) © Tim Davis/Tony Stone Images (br) © Renée Lynn/Tony Stone Images. **16** © Norman Myers/Bruce Coleman, Inc. **19** © Stephen Krasemann/Tony Stone Images. **35** © Harry DiOrio/The Image Works. **41** © Lawrence Migdale/Stock Boston. **42** © Myrleen Ferguson/PhotoEdit. **44** © Robert Carr/Bruce Coleman, Inc. **46** © AJA Productions/Image Bank. **47** © Myrleen Ferguson/PhotoEdit. **48** © Photodisc. **49** © Jeff Isaac Greenberg/Photo Researchers. **50** © Renée Lynn/Photo Researchers, Inc. **65** © Bill Bachman/Photo Researchers, Inc. **66** (tl & tr) © William Whitehurst/The Stock Market (l) © Keith Gunnar/Bruce Coleman (r) © Martin Rogers/Tony Stone Images. **67** © Bob Daemmrich/The Image Works. **69** © Gary W. Carter/Corbis. **71** © Robin Smith. **72** © Chip Simons/FPG. **74** © Lawrence Migdale/Photo Researchers, Inc. **75** © Margaret Miller/Photo Researchers, Inc. **76** © Tom Prettyman/PhotoEdit. **77** © Stephen Simpson/FPG. **81** © Chuck Place/Stock Boston. **87** (t) © Alan Hicks/Tony Stone Images (b) © Tom Stewart/The Stock Market. **89** © Frank Fournier/The Stock Market. **93** © James L. Amos/Corbis. **95** © Gary A. Conner/PhotoEdit. **100** © C. Carton/Bruce Coleman, Inc. **101** (t) © E. R. Degginger/Photo Researchers, Inc. (l) © Andrew Wood/Photo Researchers, Inc. (r) © Nikolas Konstantinou/Tony Stone Images. **102** © Kahl/

Photo Researchers, Inc. **113** ©
Jonathan Nourok/PhotoEdit. **114** ©
Tom Hussey/The Image Bank. **123** ©
Margaret Miller/Photo Researchers, Inc.
127 © Merritt Vincent/PhotoEdit. **128** ©
Keith Gunnar/Bruce Coleman, Inc. **129**
© Richard Price/FPG. **141** ©
Michael Heron/The Stock Market. **131** ©
Patrice Ceisel/Stock Boston. **137** ©
Art Wolfe/Tony Stone Images. **148** ©
David Young-Wolff/PhotoEdit/PNI. **149**
© Ken Chernus/FPG. **151** ©
Ariel Skelley/The Stock Market. **154** ©
Dan Tardif/The Stock Market.

Cover Photograph
Douglas E. Walker/Masterfile

Notas